感情史とは何か

感情史とは何か

What is the History of Emotions?

バーバラ・H.ローゼンワイン
リッカルド・クリスティアーニ

伊東剛史／森田直子／小田原琳／舘　葉 月……訳

岩波書店

First published 2018 by Polity Press Ltd., Cambridge.
This Japanese edition published 2021
by Iwanami Shoten, Publishers, Tokyo
by arrangement with Polity Press Ltd., Cambridge.

緒言・謝辞

私たちが本書の執筆を思い立ったのは、『感情の諸世代』という書に共に取り組んでいる時であった。感情史はここ数十年のあいだに盛んになっているけれども、きわめて多様な仮説、可能性、アプローチに開かれており、多くの点において現在進行形で自らを発見しつつある。本書によって、そうした感情史の様々な道を辿ることがわずかでも容易になることを願っている。私たちも本書の執筆によって、多くの予期せぬパターンや論理的一貫性に気付くことになった。

本書の準備にあたり、私たちは非常に多くの恩義を受けた。ダミアン・ボケ、リン・ハント、ヤン・プランパーが早い段階の草案に与えてくれたコメントや批判は、有益なアドバイスとなった。ラーレ・ベーザディ、マーイケ・ファン・バーケル、アンソニー・カードーザ、ニコル・ユースタス、ティモシー・ジルフォイレ、カイル・ロバーツは、個々の重要な箇所で助けてくれた。フェイ・バウンド・アルベルティ、パオロ・アルカンジェリ、ジェイムズ・エイヴリル、トマス・ディクソン、ジョン・ドノヒュー、ステファニー・ダウンズ、ウーテ・フレーフェルト、エリク・グースマン、ベルナール・リメ、リンダル・ポーパー、トム・ローゼンワインにも感謝する。著者の一人バーバラは、レイキャヴィク大学で授業をする機会に恵まれ、本書の第1章と第2章で議論されている内容を試行することが叶った。それゆえ、その参加者とオーガナイザーたち、とくに、トルフィ・H・トゥリニウスとシーグルズル・ギルフィ・マグヌソンに謝意を表する。最後に、ポリティ・プレス社の編集者であるパスカル・ポーチェロンと、本書の草稿に知力と注意力をもってコメントしてくれた同社の匿名の読者諸氏にお礼を申し上げる。

バーバラ・H・ローゼンワイン
リッカルド・クリスティアーニ
二〇一七年三月　サンレモにて

目　次

序章

自分の感じていることを他人に話すことなんてできるのかしら？

トルストイ『アンナ・カレーニナ』

怒っていらっしゃるのはわかりますが、お言葉の意味がわかりません。

シェイクスピア『オセロー』第四幕第二場*

序章

オセローが妻の寝室に入ってくる時、妻が理解するのは彼の言葉ではなく話し方の意味である。「お前の目が見たい」、「俺の顔を見ろ」と彼は言う。これらの台詞は、愛情を込めて言われるならば恋人の哀願でもあり得ただろう。だが、妻デズデモーナには分別があり、理由は分からないながら、彼の言葉の裏側に「憤激」があることを理解する。オセローが泣き始めると妻は尋ねる。「ああ、つらい、どうして泣いていらっしゃるの？」

これらは四〇〇年ほど前に書かれた戯曲の登場人物たちの言葉であり、シェイクスピアが感情や感情表現を理解した複雑なやり方を垣間見せてくれるものである。この場面で私たちの心が動かされるということは、登場人物たちの感情的な苦しみに今でも共感できるということを意味する。しかし、それは私たち自身の感情的な苦しみなのだろうか。そして、私たちはその同じ苦しみを同様に表現するだろうか。感情史は、こうした問いに答えることに力を尽くす。つまり、感情史とは、過去において感じられ、表現された感情を扱い、また、何が変化し、何が過去と現在を結びつけているのかに注目するものである。

最近二五年間ほど、感情は私たちの文化においてある種の強迫観念となっている。今や小説家、ジャーナリスト、心理学者、神経心理学者、哲学者、社会学者ら誰もが——各々の目的のために異なる方向に向かいながら——感情について考え、書いている。歴史家も例外ではない。彼らは過去の諸感情を理解しようとする目的においては一致しているが、それを困るほどばらばらのやり方で追求している。感情史に興味を持つ者は誰でも――学生にせよ、研究者にせよ、単に好奇心のある読者にせよ――、見取り図がなければこの分野を難しいと思ってしまうだろう。その見取り図を提供するのが本書である。すなわち、本書では感情に関する現代の研究の主な方法を紹介する。その際、まずは心理学研究から出発し、感情をめぐる歴史的な思想の様々な「学派」について検討し、最後に未来を展望する。本書は、グーグル・マップの道案内のように、多様なアプローチの可能性を示唆することで、読者が自らの歴史研究を追求できるようにするだろう。本書は感情史を概観する初の書ではないが、簡潔な概説と新参研究者への手引きを兼ねている点では前例のない書である(1)。

感情史は、感情とは何かといった類いの概念に依拠する。このことは思ったよりも難しい問題をはらむ。皮肉に聞こえるかもしれないが、私たちはどうやって感情が感情であることを知るのだろうか。その答えを私たちは知っている(と思っている)。「それについてどう感じる?」と親戚や配偶者や友人や担当のセラピスト、あるいはテレビ・レポーターに質問されるとしよう。私たちは、「幸せ」とか「怒っている」と答えたり、突然泣き出したり、鼓動が速まったりする。しかし、これらの言葉や涙、鼓動は、どれほど正確に感情の表徴であったり、感情自体であったりするのだろうか。何がこうした言葉や身振りやそれらが含む概念を、「感情」にしているのだろうか。感情は私たちに生まれつき備わっているのだろうか、それとも学んで身につけるものなのだろうか。感情は理性的なのか、非理性的なのか。私たちは、自分がどう感じているかを本当に分かっているのだろうか、それとも、感情は私たちの知り得るものを超えた何かを含んでいると言った方が良いのだろうか。

こうした問いは、何世紀にもわたり哲学者、医者、神学者たちを夢中にさせ、現在では主に科学者、社会学者、人類学者たちの専門領域となっている。歴史家たちにもまた言うべきことは多々ある。彼らは、過去の社会が、今日では異様に思われる仕方で感情を定義したことを知っている。「感情《エモーション》」という言葉が扱いにくいことも歴史家は知っている。例えば、西洋社会でも、かつては情念《パッション》、情動《アフェクト》、情緒《アフェクション》、情感《センチメント》といった単語が用いられ、「感情」という語そのものは存在しなかった。「感情」は実際ごく最近に生み出された語ではあるものの、「意向《モーション》」や「心の動き《ムーヴメント》」は過去の時代にもしばしば用いられていた。歴史家はまた、今日の私たちが感情と呼ぶこうしたもの——いかなる用語だろうと——が、異なる時代には異なる定義であったことを知っている。古代ローマ人は「善意」が一つの感情であると考えたし、中世のスコラ学者トマス・アクィナスは「疲労」をやはり一つの感情と考えた。今日これらに同意する人はほとんどいないだろう。

現今の人々も感情とは何かについて一致した見解を持っているわけではない。事実、感情をどう定義するのかについてはかなりの議論がなされているし、見解の相違は、学問分野間だけでなく、各々の学問分野においても見られる。本書では、科学的定義の問題に——それだけでも山ほどあるのだが——第1章で光を当てる。初期の定義と近代に生じた異議から出発し、感情科学の二人の先駆者であるダーウィンとジェイムズ、そして、彼らの後継者たちによる理論をめぐる議論を追う。そうした理論が身体を強調する傾向を示したのに対して、一九六〇年代に発展した認知理論とそれに引き続いての社会構築主義的な議論においては、〔身体よりも〕心が焦点となった。最新の科学の展開を代表するのは脳科学者であるが、一般に彼らもそれまでの伝統の中で研究をしており、したがって、彼らのアプローチも様々である[2]。

第2章は感情史についての議論から出発する。そこでの力点は、本書全体を通しての力点と同様に方法論にあり、感情史の主要な問いや、感情史家が採用するアプローチの手法が紹介される。その際、感情史の成果として挙げられる事例の大半が西洋史研究であるのは、感情史研究の多くが西洋史に集中しているからであり、本書の著者にとって西洋史が最も馴染み深いからでもある。しかし、方法論そのものは、あらゆる時代や地域、大陸に及ぶものである。

第2章では続けて感情についての歴史叙述の「前史」を一瞥した後、ピーター・スターンズと彼の当時の妻キャロル・スターンズの重要な研究に目を向ける。彼らの「エモーショノロジー」という概念は一九八〇年代に作り上げられた。彼らは、社会構築主義に依拠しつつ、「人々が実際にどう感じたのか」ということと「感情表現の基準」とを切り離したのである。例えば、スターンズ夫妻は、人々がいつどのように怒るべきか、いかに怒りを統御すべきかを指南する作法書を検討したのであり、人々が本当に怒りを「感じた」かどうかを悩むことはなかった。感情表現の基準は時間とともに変化し、それゆえ(スターンズ夫妻によれば)感情史が可能となる。一方、一九九〇年代から二〇〇〇年代初頭にかけて、ウィリアム・M・レディが「感情体制」と「エモーティヴ」という一対の概念を導入し、感情を権力の、権力を感情の解読のための鍵にした。感情体制も、とりわけそれが感情的な試みを抑圧すると、時間とともに変化した。レディの感情体制ほどの包括性は持たなくとも、より多様性に富んでいるのが、本書の著者の一人であるバーバラ・H・ローゼンワインがほぼ同じ頃に提唱した「感情の共同体」である。感情の共同体とは、特定の感情や目的、感情表現の規範について同一あるいは類似の評価を共有する人々のグループであった(である)。ローゼンワインの見方によれば、共同体は相互に関係しあい、変化する周囲の情況に反応するがゆえに、そうした共同体の多様性こそ変化の主体であるという。スターンズ、レディ、そしてローゼンワインの手法は、続く歴史家たちによって様々な理由から色々なやり方で引用され利用されてきた。彼らの理論はまちまちだが、一つの重要な共通性を持つ。すなわち、いずれもがテクストと語彙とを強調しているのである。もっとも、この点は、第2章で議論される基本的アプローチの最後のもの、ゲルト・アルトホフの、「パフォーマンス」としての感情概念にはあまり当てはまらない。アルトホフは、パフォーマンスについて記述されたテクストに依拠するとはいえ、支配者が自らの意志を家来に伝えるために行なう感情的な身振りを強調する。

こうした異なる歴史的アプローチは、具体的な事例においてどう機能するのだろうか。本書ではアメリカ合衆国の独立宣言を取り上げ、これら四つの手法が「実際に作用するところ」を描き出すことにした。独立宣言はもちろんよく知られているが、感情的なものであるかどうかはそれほど明白ではない。それでも、そこで繰り返される不満は感情的な身振りを示唆するし、「幸福」への言及――幸福の追求は普遍的で奪うことの出来ない権利であると宣言される――は、感情史家に差し迫った不可避の問いを投げかける。

「幸福」とは、本質的には一つの単語に過ぎない。近年、多くの歴史家たちは語彙やテクストによる制約に不満を抱くようになっている。そうした感情研究の最近の主要な傾向を検討した結果、共通するテーマは――二つの異なる仕方で定義される――身体だということが明らかになった。一方の定義では、身体は境界を持ち自律的なものとされ、他方の定義では、それは透過的で外界に対して開かれ、また外界と溶け合うものとされる。第3章は、まず境界づけられた身体から出発する。身体内の多くの臓器は時々に感情と結びつけられてきたし、肉と内臓は痛みに晒されやすいものとみなされてきた。性《ジェンダー》も、当初は生殖器官に結びつけられたが、最近では一種の「パフォーマンス」とみなされている。こうしたアプローチを精緻化する中で、感情とは身体の習慣的実践であり、それは感情体験を生み出したり強化したりするものだ、とする歴史家たちも出てきた。

　第3章では続けて「透過性の」身体を扱う。つまり、外界へと溢れ出したり、逆に外界を吸収したりする身体である。ある歴史家たちが、それらが身体を出入りすることから情動——この見方によれば、すべてもしくは大半が無意識で、意図や口頭での発言とは切り離された「感情」のこと——という言葉を用いるようになった有り様を検討し、身体が空間とどのように相互作用するのか——空間内で移動したり、そこに感情的な意味を与えたり、それが逆に人々に影響を与えたりもする——を探る。それから、身体と物質が浸透しあう関係に注目する。こうした研究の延長にある最新の展開において、人類学者や社会学者、歴史家たちは「モノの社会生活《ソーシャル・ライフ・オブ・シングス》」について考えるようになった。ごくありふれた対象物、例えば、衣服とか家宝とか家具でも、私たちの気分に変化や影響を与えるだけでなく、私たちが物質そのものを形作るように、私たちの欲求や価値を形成するのに寄与する。例えば、シェイクスピアが妻に「二番目に良いベッド」を遺贈したという有名な話は、近年まで、彼が妻に対して無関心であった証拠と考えられてきた。しかし、彼の遺言書を新しい技術で分析した結果、イギリスのある研究チームは、当該条項はシェイクスピアが後になって重い病を患った時に書き加えたものであり、二番目に良いベッドというのは、「自らの死の可能性に直面した男が示した情愛のしるし」である、と主張する。(3)この章は、心的空間をめぐる議論で締めくくられるが、それは、記憶、夢、空想によって物質と空間を合体させるものである。

以上の章では、刺激的な最先端の領域について検討されるが、同時に、感情史はどこに向かっているのか、どこに向かうべきなのかという疑問も喚起される。そこで第4章では、感情史が現今の世界においてどのような位置を占め、将来はどうなりうるのかを考える。感情科学と他分野の研究との連携という未着手の可能性について思いをめぐらし、それが歴史的思考にとって持ちうる潜在的な重要性を探るだろう。アカデミア〔学問の世界〕内での重要な成果と課題を確認する一方、感情史は単なる「アカデミック・トレーニング」以上のものであるという確信のもと、ここでは感情史の未来を教室の外に——学んだことをより広く拡散しうる、拡散させるべきだと思われる場所に——見出す。そうした場所として、今日の文化の影響力がある二つの産物、児童書とコンピュータ・ゲームを例に考察しよう。短い結論部では、感情史に対して提示された異議のいくつかを取り上げた後、感情史の大きな成功を紹介して終わりとなる。

さて、デズデモーナのあの板挟み状態は、おそらくあれほど酷い結果は伴わないにせよ、やはり私たち自身のものだろう。私たちは自分の感情を解する心だけでなく、他人の感情を解する心をも持っているが、それを完全に理解するのは困難を極める。そのための解法のいくつかは、今日では科学者たちが提供してくれる。歴史家たちはまた別の解法を持っており、本書はそれらを知るための手引きなのである。

1

科学

「わしが言葉を使うときは」ハンプティ・ダンプティはかなり軽べつした調子で言いました。「言葉はわしが意味させようとしたものを意味する――それ以上でも以下でもない」。

「問題は」とアリス。「言葉にそんなにいろんなものを意味させられるかどうかということです」。

「問題は」とハンプティ・ダンプティ。「言葉とわしのどっちがどっちの言うことをきくかということ――それだけだ」。

ルイス・キャロル『鏡の国のアリス』*

政治史とは、国王、女王、革命、憲法など様々な権力関係についての歴史である。軍事史は、作戦行動、武器、戦闘など、戦争について扱う。このように私たちは、政治史や軍事史とは何かということをそれなりによく知っている。では、感情史とは何についての歴史なのだろうか。あることについての歴史は、まずそのあることを定義しなければ、どうやって語れるのだろうか。感情とは何なのだろうか。

近代以前の見方

「感情」というカテゴリー自体は比較的新しいが、それにほぼ相応する用語——意向、情緒、情念——は、古代ギリシア以来の西洋の言語に存在する。だが、各々の単語が意味する範囲は今も昔もぴったりとは重なり合わないし、新しい英単語である「感情(emotion)」も、研究者によって別々のものを意味する。それでも、この単語の曖昧さを分かってさえいれば、議論をするのに十分な共通性はある[1]。

感情を理論的に把握する仕事は、長いあいだ哲学者の領分であった。アリストテレス(前三二二年没)は、『弁論術』第二巻で感情について多くのページを割いている。弁論家は聴衆の考えを左右する必要があったが、それには事実を述べるだけでなく、心を動かすことも重要であった。アリストテレスによれば、感情——古代ギリシア語のパテー *pathe* ——とは、「人々の気持ちが変り、判断の上に差異をもたらすようになるもので、それには苦痛や快楽がつきまとっている。例えば、怒り、憐れみ、恐れ、その他この種のもの、および、これらとは反対のものがそうである」。アリストテレスにとって感情は、認識の諸形態であった。つまり、それは与えられた状況への個人的評価に左右されるものであった。アリストテレス（および他の古代の哲学者たち）が大いに興味を抱いていた怒りを事例に取り上げてみよう。怒りは、「軽蔑することは正当な扱いとは言えないのに、自分、または自分に属する何ものかに対しあからさまな軽蔑があったため」に引き起こされるという。この定義は認識に依拠している。すなわち、それは、ある人が誰かによって侮辱されたと判断したことだけでなく、その侮辱が正当でないという判断をしたことをも意味した(2)。

その後、ヘレニズム期（前三二三―前三一年）のストア派とエピクロス主義の哲学者たちが感情の考察をお家芸としたが、それは、感情を支配し克服するためにすぎなかった。ストア派における感情は、二つの連続する判断から成るものとされた。まず、外在的なものにせよ内在的なものにせよ、ある事物が良いものなのか悪いものなのかが評価され、次に、どのように反応するかが決定される。総じてストア派は、あらゆる感情的反応は、判断を誤った結果であると考えていた。気分が沈んだり、赤面したり、歯がガチガチ鳴ったりする感情の最初の徴候は決して避けられないが、賢者は、それらに同意することを拒否し、いわゆる「初動」が真の感情に変わるのを認めることを拒否した。ローマの哲学者セネカ（六五年没）は、「不正の表象が受け取られ、それが怒りを動かす点は疑いない。けれども、はたして怒りそのものが表象に直接続き、……それとも心が同意してから発動されるのかどうかを検討しよう」と書いたが、彼にとっては同意が決定的な要因であった(3)。

四世紀末にローマ帝国がキリスト教化されると、哲学者よりもむしろ神学者が中心となって感情を理論化するようになった。初期キリスト教時代の多くの修道士は、ストア派の慎重な見方を受け入れたが、中には、感情が正しい道に、すなわち、現世の物事にではなく神に向けられる限りにおいて、感情を歓迎する者もいた。アウグスティヌス(四三〇年没)は、次のように言うことで、議論のための条件を整えた。「重要な要素は人間の意志の性格である。というのも、意志が転倒しているならば、感情も転倒し、意志が正しいならば感情は非難に値しないだけでなく、賞賛すべきものだからである(4)」。

一三世紀に神学が哲学や医学と融合すると、感情に関するさらに複雑な議論が続けられた。一七世紀には、哲学者であり数学者でもあったルネ・デカルトの『情念論』(一六四九年)が心と身体を分離したとされ、この二元論が長期に渡り影響を持つことになる。哲学者で医者のジョン・ロックの『人間知性論』(一六九〇年)は、愛情から羞恥に至る情念を経験の産物とみなした。一八世紀になっても神学者、医者、哲学者が感情を理論化する課題を共有し続けたが、時とともに、世俗的で機械論的で物理主義的なアプローチが支配的になった。そして、一九世紀のあいだに「感情」は、情念や情緒やその他多くの言葉に取って代わって選ばれし術語となった。それは事実究明に絶好の便利で簡素なカテゴリーとして、実験を行なう科学者たちによってほぼ独占される現在の状態をお膳立てした。確かに、社会学者や人類学者たちにも、感情について色々と言うべきことがあり、私たちは折に触れてそれらを議論に取り入れるだろう。しかし、今日、世間の目から見て議論の最前線にいるのは科学者である。

以下、本章では、そうした科学者たちの主要な理論を探ることにする。というのも、感情史という新しい領域に取り組む歴史家たちは、それらを避けて通ることはできないし、また、通常は避けたいとは思わないからである。[5]

感情科学

一九八一年、心理学者のポール・R・クラインジンナとアンナ・M・クラインジンナは、心理学者たちが提示する感情の定義が余りにも多いことに驚き、そこに共通する土台を見出そうとした。調べるうちに彼らは、九二の異なる定義および九つの「疑わしい主張」を見出した。彼らはそれらすべてを検討しつつ、誰もが納得しうることを期待して、以下のようなハイブリッドの定義を提案した。

感情とは、神経系統・ホルモン系統によって伝達される、自覚的要因と他覚的要因とのあいだの相互作用の複雑な組み合わせである。そして、それは、（a）性的興奮、快感や不快感といった情動体験を引き起こし、（b）感情的に重要な知覚作用、評価、ラベル付けといった認知プロセスを生み出し、（c）刺激的な状況に対して、広範囲に及ぶ生理的適応を起動し、（d）常にではないがしばしば、自己表出的かつ目的志向的で適応性のある行動を導く。[6]

非常に頻繁に引用されたにもかかわらず、この定義が採用されることはめったになかった。それはきっと、皆を満足させようとするあまり、誰一人として満足させられなかったからだろう。より有用なのは、心理学者ランドルフ・コーネリアスの『感情の科学』(一九九六年)である。コーネリアスは、現代心理学の四つの基本理論であるダーウィン説、ジェイムズ説、認知主義、社会構築主義を扱う。本章でもそれらを再検討しよう。というのも、この四つの基本理論は、今日の科学者たちが研究活動を行なう際のパラダイムであり続けているからである。さらに、それらが感情科学の最新傾向、すなわち神経心理学においてどのように表れているのかも示される。第4章では、そうした基本理論が児童書やコンピュータ・ゲームに出てくることも確認する。なぜならこのことは、基本理論が単に教科書の中だけでなく、生の体験においても——歴史家の生の体験も含め——広く普及していることを垣間見させてくれるからである。

フロイト的、精神分析的な理論も存在する。これは、無意識の探究やセラピーの際にとりわけ重要となるが、大半の科学者たちが好む実験手法にはさほど役に立たない。精神分析はまた「心理史《サイコヒストリー》」にも影響を与え、心理史は一九七〇年代に盛んになった。精神分析にせよ心理史にせよ、確かに感情には言及しているものの、それらは感情という論点に焦点を絞るより、衝動(いわゆる性衝動と死の衝動)と、この衝動が個人の生育や人間関係において、イド(本能的衝動の源泉)とエゴ(自我)と超自我が形成され機能する際に、どのような役割を果たすのかに関心を持っていた(7)。

気分、気持ち、感傷、情動——これらは感情なのか、そうではないのか

コーネリアスは『感情の科学』を、抽象的な感情の定義を示すのではなく、いくつかの事例を提示

することから始めた。「これは感情についての本である。喜び、愛情、怒り、恐怖、幸福、罪悪感、悲しみ、困惑、希望、その他多くの感情についての本である」[8]と。私たちのほとんど、そして間違いなくほとんどの科学者たちは、悲しみが感情であることは認めるだろう。しかし、「鬱」は感情だろうか。気持ちと感情は同一のものだろうか。私たちが自分は「悲しく感じる」と言う時、当然ながら私たちは感情を表現しようとしている。しかし、私たちが「あなたは私の気持ちを傷つけた」と言う時、いかなる感情もそれ自体としては傷つけられていない。とはいえ、感情史家たちはこうした微妙な区別に頭を抱え込む必要はあまりない。なぜなら、第一に、そうした区別は過去において必ずしもなされていたわけではなく(区別するのは時代錯誤的である)、第二に、歴史家は、当時は「感情」としてきちんとラベルづけされることがまずなかった複雑な現象を扱わなくてはならないからである。

　一方、「情動」という語はやや別の問題をはらんでいる。この語は、多くの学者たち――歴史学にせよ、自然科学にせよ――によって感情の同義語として用いられるが、感情理論から情動を故意に分離させる理論の核心をも成してきた。これは現代的な展開である。ラテン語のアフェクトゥス *affectus* に由来する情動(affect)という単語は、伝統的に、感情全般を示す単語としても、一つの感情を示す単語としても用いられてきた。五世紀にアウグスティヌスは、この単語を感情についての他の単語――不安、情緒(情動と同じ語源)、魂の意向、情念といったラテン語の同義語――と交換可能なものとして使用した。アウグスティヌスによれば、これらすべては意志すなわち魂(もしくは心)の力の中に存在するものであった。あらゆる感情は、神に向けられていれば良きもので、世俗的な事物に向けられていれば悪しきものとされた。しかし、一二世紀には、情動(および情緒などそれに関連する語)は、とくに愛情と結びつけられる傾向が強まった。トゥールーズの宮廷の役人たちは、「愛情深い」ことを表明するために、アフェクトゥオスス *affectuosus*(「情動に満たされている」ことを意味する形容詞)という語を用いた。同じ頃、リーヴォーの大修道院長アエルレドは、アフェクトゥスをある人から別の人に向けられる内発的な愛好であると定義した。通常、愛情に力を与えるのは――それが良いことにせよ悪いことにせよ――、不合理なエネルギーとされた[9]。

この不合理という要素が、今日の情動理論《アフェクト・セオリー》の理論家たちが飛びついた特徴である。感情理論が感情の「認識的な」性質をますます強調するようになるにつれ、情動理論の主唱者たちは情動に不合理の領域を割り当てるようになった。彼らによれば、情動とは、私たちの生命における意識以前、感情以前、言語以前の力なのだ。この点については、認知主義理論への批判を検討する際にまた立ち戻ることにしよう。

チャールズ・ダーウィン――習慣としての感情

チャールズ・ダーウィン(一八八二年没)は、感情を研究した最初の近代的科学者であり、彼の理論は、形を変えつつも今日の科学者たちのあいだで最も影響力を持つ理論の一つであり続けている。一般に感情というと、素人はまず主観的な気持ちを思い浮かべる。それとは反対に、ダーウィンは感情の身体的な「表現」に興味を持った。彼はその上で、そうした感情の身体表現が現在の人間の生活において何らかの機能を持つことに疑問を抱いた。それらは生き延びるという目的のために生じ、受け継がれた習慣によって存続した。なぜ驚くと目を大きく見開くのか、ということへのダーウィンの答えはこうである。「我々はギョッとさせられた時、当然ながらその原因を出来る限り素早く識別しようと望む。そして、我々は視野が大きくなるように目を見開き続ける」[10]。こうした驚きの表現は、例えば、昨今なされるいわゆるサプライズ誕生会などには役に立たない。それでも、サプライズに目を丸くしてしまうのは、それが私たちの身体に「組み込まれた」習慣だからである。

この驚きの例が示すように、ダーウィンは、感情はしばしば顔の表情として表現されると考えた。彼は、デュシェンヌ・ド・ブローニュが一八六二年に出版した「人間の感情」という写真を見て歓喜した[11]。デュシェンヌは、顔面神経障害の患者の顔の筋肉に電気ショックを与え、様々な表情の「見かけ」を引き出し、それを写真に撮った。そこに見られる表情は、どうあっても写真に撮られた人々の気持ちを表しえなかったにもかかわらず（彼らは結局のところ電気ショックを受動的に与えられていたのである）、デュシェンヌもダーウィンもそれらの写真が本物の感情を表現していると考えたのである（図1参照）。

ダーウィンの理論は二〇世紀前半を通じて持ちこたえ、一九七〇年代に、とりわけポール・エクマンの仕事によって新たな推進力を得た。エクマンと彼の協力者ウォーレス・フリーセンは、ある研究において、怒り、嫌悪、恐怖、幸福、悲しみ、驚きの六つの感情を示す表情は、普遍性を持つと主張した。なぜならば、それらの表情は、西洋人だけでなく、ニューギニアのフォレ族によっても「正しく」読み取られたからである。エクマンとフリーセン（というよりは、むしろ彼らを通訳した現地の人たち）は、フォレ族の被験者たちに筋書き――例えば、「彼（もしくは彼女）の友人がやってきて、彼（もしくは彼女）は幸せだ」――を伝え、六つの表情の写真のうち「正しい」写真一枚と「正しくない」写真

図1　ダーウィン『人及び動物の表情について』(1872年)の中の微笑む顔
図の右側には3人の微笑む少女が，左側にはそれぞれに対応して微笑んでいるように見える1人の男性の3つの像が並んでいる．しかし，この男性は実際に微笑んでいるのではない．彼の写真は，G.-B. デュシェンヌ・ド・ブローニュが行なった，顔面筋肉麻痺の患者に電気刺激を加える実験の一部として撮影されたものである．デュシェンヌとダーウィンにとって，彼の微笑みの人工的な特徴は，彼の感情の表現をそれだけ「客観的」にするものであった．(Wikimedia Commons)

二、三枚を提示した。被験者が正しい表情を選んだ割合は、一〇〇％（幸福を示す顔写真が嫌悪と怒りを示す顔写真とともに示された場合）から二八％（恐怖を示す顔写真が驚きと悲しみの顔写真とともに示された場合）であった。今日では、この六つと、後になって加えられた「蔑み」は、しばしば「基本」感情とみなされる。[12]

エクマンと彼の後継者たちは、写真に使われた顔の表情とは異なる表情を用いる文化が存在することを否定はしない。しかし、彼らはそうした差異は外見上の「表示規則」によって説明できるとする。「真の」感情は、いずれにせよ、非常に短時間示される「微表情」の中に見て取れると言うのだ。[13]

エクマンの研究は、様々な分野の研究者たちによる容赦ない批判にさらされてきた。人類学者のE・リチャード・ソレンソンは、エクマンが最初にフォレ族の被験者と接触した場に居合わせたが、実験の手順に納得できず、通訳者が回答に影響を与える場合がおそらくあるだろうと書き留めた。彼自身、筋書きを伝えることなしにエクマンの写真をフォレ族の同一の被験者に示してみたところ、「多くの人は、半信半疑で躊躇し、また混乱した様子だった。全く黙ってしまった人もいたし、身震いした人もいた」。心理学者ジェイムズ・A・ラッセルは、筋書きを語ることでフォレ族の人々に、顔写真が感情ではなくて状況に呼応するものだと知らしめた可能性があることに気が付いた。彼はさらに、デュシェンヌと同様、エクマンの写真の表情は、内発的なものではなく作られたものであることを指摘した。そうであるなら、彼らは一体どうやって「真の」感情を示したというのであろう。歴史家ルース・リーズは、エクマンの研究を一九六〇年代とその後の科学的関心や科学的仮説という文脈において分析し、当初から多くの異議が唱えられていたことを指摘しつつ、彼の研究が魅力的なものであり続けた主な理由は、人間の意図——立ち入った背景分析が不可欠のテーマ——についてのあらゆる議論を回避したことにある、と論じた。これに関連してリーズは、「研究促進に資するエクマンの手法の利便性」にも言及している。彼を批判する者でさえ、彼の写真を利用しているのである。[14]

実際、今日あらゆる部類の心理学者たちが行なう非常に多くの実験は、基本感情を示しているとされる作為的表情の組写真を用いている。神経心理学者は、「感情の処理」を議論するために、ｆＭＲＩ（機能的磁気共鳴画像法）とともに顔写真を使用することがある。ｆＭＲＩは脳内の酸素レベルを読み取り、より多くの酸素が供給される時、より強い刺激を受けていることを示す。実験結果が公表される際、通常は酸素濃度の高い脳の部位が色づけされる。一例を挙げよう。テイラー・ケディングとライアン・ヘリンガは、トラウマ経験の無い健康な若者と、心的外傷後ストレス障害（ＰＴＳＤ）の患者とが、それぞれ「中立的」な表情から「怒った」もしくは「幸せな」表情へと変化する時の脳画像を比較した。ケディングとヘリンガは、扁桃体や海馬として知られる脳部位、内側前頭前皮質、そして脳全体のスキャン画像を見て、「ＰＴＳＤ患者は、怒った顔に対しては低い結合性を、幸せな顔にはより高い結合性を見せた」と結論づけた。要するに、ＰＴＳＤを患う若者は、幸せな表情を処理するためにその他の若者たちよりも多くの心的資源を用いなくてはならない、ということを彼らの発見は示したのである。[15]

同様に、神経心理学者セバスチャン・ヨンゲンと同僚たちは、表情を頻繁に読み誤る人を実験台にして、誤った「表情の認識」に関連する脳部位を突き止めようと企てた。（これはアレキシサイミア（無感情症）と呼ばれる。）彼らは、エクマンらが開発した写真に基づくＦＥＥＬ（顔の表情で示される感情のラベリング）と名付けられた試験を行なった。被験者たち――無感情症の患者もそうでない人も混じっている――は、コンピュータの画面上で四八枚の写真を二秒ずつ見せられて、それぞれの感情の名前を答えるように指示を受ける。その結果、顔の表情を認識しようとすると、重い無感情症を患う人は、そうでない人の場合に使用される脳部位が活性化しないことが突き止められた。この実験が示すように、今日のダーウィン主義の心理学者たちは、感情はより原始的だった過去の遺物にすぎないなどとは考えておらず、現代においても現実的で重要な社会的機能を有していると考える。これこそが、無感情症の人々が極端に文明化された人としてではなく、異常であるとみなされる理由なのである。(16)

ウィリアム・ジェイムズ――身体的徴候としての感情

ダーウィンの後、ほどなくして感情を主題に取り上げたウィリアム・ジェイムズ（一九一〇年没）も、感情は身体に位置づけられると確信していた。しかし、彼が関心を抱いたのは、身体――顔の表情よりも体内の諸器官の変化――が感情をどのように経験するのか、ということであった。この身体の感情経験は、当人が感情を表情にしたりそれを表す言葉を見つけるより前になされることもある。例えば、ジェイムズはこう主張した。

> 我々が何か強い感情を思い描き、次にその感情についての意識から、それに伴う身体的徴候の感覚を取り出そうとすると、あとには何も残らないことが分かる。感情を構成しうる「心の材料」などそこにはなく、残っているのは知的認知の冷たくて中立的な状態だけである。……もし、鼓

動の高まりや浅い呼吸、唇の震えや四肢の脱力、鳥肌や内臓の活発な動きといった感覚が存在しないとしたら、恐怖という感情がどのようなものなのかを想像するのはほとんど不可能である。

ダーウィン同様、ジェイムズもまた身体的変化は自動的なものと考えたのだ。ある感覚が刺激されると、「身体的変化に直結する……、そして、その変化が起きているという感覚こそが、感情なのである」。ジェイムズは続けて言う。「我々は泣くから悲しさを、殴りかかるから怒りを、震えるから恐れを感じる」。私たちが様々な気持ちにつける名前――悲しみ、怒り、恐れ――は、それ自体は「ぼんやりとして、精彩を欠き、感情的な温かみに欠けたもの」で、身体のみが感情を本当に知っているのである(17)。

さらに、身体は個々の感情をそれぞれ独自の特徴的な方法で感じるとされる。鼓動や脈拍、胃腸、呼吸、筋肉の動きの可能性や組み合わせは数多くある。ジェイムズが言うように、「これらの諸器官の活動が生み出しうる様々な組み合わせや順列並び替えのお陰で、理論上、どんなにかすかな感情の色合いも、全体的に見て心的気分それ自体と同じように、それ特有の身体的反響を必ず伴うことになる」。しかし、ジェイムズが強調するのは、様々な色合いの身体的気分であって、身体の変化とあれこれの感情とのあいだの確たる相関関係ではなかった。というのも、「我々は誰しも、ほとんどの場合、他人とは異なる個人の特有の表現法を持っていて、笑い方や泣き方も他人とは違う」からである。それでもなお、彼は、もしある感情のあらゆる生理学的な徴候を結集させるなら、私たちはその感情を感じるだろうと推測した。しかし、実際のところ感情の身体的構成要素のほとんどが自由意志で操作することができないため、彼はこの主張が実験で裏付けられうるとは信じていなかった[18]。

ジェイムズの理論は、ほどなくカール・ランゲ(一九〇〇年没)の唱えた類似の理論と結びつけられ、今ではしばしばジェイムズ=ランゲ説と呼ばれるが、ダーウィンの理論よりも激しい浮き沈みを経験することになった。一九三〇年代には大部分が否定され、最近になって返り咲いたのである。身体的変化が感情を誘発すると考える今日の心理学者たちは、このジェイムズ理論の伝統に則り、しばしば「身体のフィードバック」という言い方をする。つまり、私たちが自分の身体を扱うことが、私たちの感情を生み出すのである。この手の研究の多くは、例えば嬉しそうな表情をすることが、どのように私たちを嬉しく感じさせるのか、ということを明らかにする。最近はこうした議論に神経科学者たちが加わり、アントニオ・ダマシオが論じたように、「顔の表情や体の姿勢から複合的な行動に至る……様々な活動」が内面の反応を生み出し、その反応が「独特のパターンを持つ」脳の異なった領域に表れる、という論が展開されている[19]。

認知主義者の見方——感情としての思考

アリストテレスや古代の他の哲学者が感情について語った時、彼らは人間の身体ではなく、人間の判断に力点を置いていた。一九六〇年代より、心理学者たちはこの立場を復活させ、感情を一種の評価と規定するようになった。「感情を惹起するには、対象は何らかの形で私に——個人的経験や個人的目的を持つ個人としての私に直接に——影響を及ぼしていると評価されなくてはならない」。この見方においては、感情は何よりもプロセスである。それは評価とともに始まり、行動、心理的な反応、そして主観的な気持ちを生み出す。これらがつながって輪になり、すべてが――最初の評価そのものも含めて――常に作用し続けて互いを修正しあう。[20]

評価は、必ずしも理性に従ったり言語に依拠したりという意味における「認知」を意味しない。実際、それは無意識で、言語化される以前の瞬間的なものでもありうる。例えば、評価理論の典型的な実験では、乳児が九カ月頃から、「目新しく、予期しない刺激の方向をじっと見つめる」ことが示されている。このことは、「驚きを引き起こす」状況の評価をより蓋然性の高いものにするという、幼児における重要な認識上の変化と一致する。[21]

この実験が示すように、評価理論を用いる心理学者は、文化的な多様性――彼らはその可能性を認めているけれども――よりも、個人的あるいは発展段階的な差異を重視する傾向にある。評価理論は、異なる人間が同じ刺激に対して、その人の判断や目的や価値観に応じて異なった反応をしうることを前提とする。しかし、もし彼らが同じ評価をするなら、彼らは同じ感情を抱く。したがって、皆が同じことに驚くわけではないが、「予期されること」を裏切るあらゆる刺激は、通常、驚きをもたらす。そこで認知主義の伝統に立つ神経科学者は、そのような評価に関わる神経基質を探すことになる。例えば、デイヴィッド・サンダーらは、脳の扁桃体は「妥当性の探知機」、つまり、個人の必要性や関心にとってその刺激の妥当性を査定する手助けをするものであることを発見した。[22]

情動理論――反認知主義の反乱

認知主義は、それが感情をあまりに「理性的」なものとして捉えていると考えた研究者たちの反発を招くことになった。感情がある種の判断——直覚的で無意識ではあるが——として規定され始めたため、人間の行動や動機の理論の中の非理性的な側面を回復させようとする心理学者が出てきたのである。彼らは、感情に先立つ何か、もしかすると感情とはかなり異なりうる何かの存在を主張した。その何かというのが、「情動」であった。

情動理論を提案した中心人物はシルヴァン・トムキンズ（一九九一年没）である。哲学に傾倒した心理学者であるトムキンズは、人間の動機の背後に存在するものに関心を持っていた。彼の弟子の一人が上述のポール・エクマンであるが、エクマンの「基本感情」はトムキンズの情動のリスト——興奮、喜び、恐怖、怒り、恥、蔑み、苦痛、驚き——にかなり類似している[23]。しかし、トムキンズは、エクマンが「感情」という語を採用したのに対して、ヴィルヘルム・ヴントとジークムント・フロイトの伝統からくる「情動」という語を用いた。また、フロイトは、衝動（drive）——とりわけ性衝動——を人間の行動の基本的な動機として強調したが、トムキンズは、情動はより強い動機になりうると論じた。「情動とは、生物に生来備わった第一の動機づけのメカニズムであり、衝動遮断や快楽よりも緊急の、それどころか身体的痛みよりも切迫したものであると私は考える」。トムキンズは、自身の理論を要約するために一九八四年に書いた論文で、このように口火を切った。彼は呼吸は衝動であると説明する。すなわち、私たちは呼吸をする必要があり、呼吸は本質的に生物学的なメカニズムである。しかし、それは動機づけるメカニズムではない。トムキンズによれば、呼吸をするよう人を動機づけるものは、突然に窒息させられる時に生じる恐怖だという。例えば、首を絞められた人はパニック状態にある。しかし、与圧室や酸素マスクなしで高度飛行する時のように、少しずつ酸素を奪われていく場合は、多幸感が生じ、人は唇に微笑みを浮かべて死ぬとされる。さらに、トムキンズは、首を絞められた時に私たちが感じる恐怖は、私たちが失業したり癌の告知を受けたりする時と同じ恐れ――強度は劣るかもしれないが――であると主張する。このことは他の基本的な動機づけ要因にも当てはまる。すなわち、それらはきわめて多様な状況によって活性化され、快楽を求めたり痛みから逃れようとしたりする衝動と比べて、恐怖同様に「より緊急な」ものである。空腹は食べ物によってのみ満たされるが、興奮は食べ物、性交、快楽、はたまた苦痛など、あらゆる種類の対象を持つ。「情動システム」が存在しなければ、それらのいずれも意味を持たないが、「情動システム」が存在すれば、いずれもが重要となりうる(24)。

情動は生得的な要因と後天的な刺激要因の両方によって活性化されるが、それは、人の誕生時に最も基礎的なレベルで備わっている生得的なものである。トムキンズは、自らの理論でもって評価に基づく理論にあからさまに挑戦するつもりであった。彼は、彼の理論のみが生得的および後天的な反応の双方を考慮していると考えたのだ。彼の言葉によると、「当然のことながら、産道の出口で産声を上げる赤子は、泣く直前に新しい周囲の環境が涙を見せるに価するものであると「評価」したわけではない。同じく当然ながら、その子は後に、愛する人の死を知らされて泣くようになるであろうが、それはまさしくそのことの意味や評価に基づいているのである(25)」。

トムキンズは、異なる情動を生み出すのに必要な様々なレベルの刺激や神経基質について仮説を立てた。情動の強度は、トムキンズが「ニューロンの発火の密度」と呼ぶものに依存するという。首を絞められると、突然にニューロンの発火が増大し、恐怖を活性化させる。急に締め付けを緩めると、発火は素早く衰え、結果として喜びが生じる。もし、刺激が突然のものではなく持続するものであると、苦痛、もしくは、より強いレベルの発火である怒りといった否定的な情動が生じる。

　こうしたトムキンズの理論は、その多くをジェイムズやダーウィンに負っていたが、情動の社会的でコミュニケーションに資する役割に合わせて調整されていた。トムキンズは、乳児が泣くことを例に挙げ、それが「〔苦痛などの〕緩和を必要とするような様々な問題に関する、自己や他者の情報を含んでいるだけでなく、それを軽減するよう自己や他者を動機づける」ことを観察した。また彼は、微笑みについて議論しつつ、「ニューロンの発火の迅速な減退が、喜びの微笑みを生み出す」と仮定した。そして、その経験が記憶され、他人の微笑む顔を見た時に想起されるという。その点で、「他人の微笑みは、感情移入する反応を引き起こす能力がある」。この主張は、言葉が重要とされる——フロイトの「談話療法《トーキング・キュア》」もしくは彼の「自由連想」法がそうであるように——一方で、顔やその表情を感知する人間の能力は、互いに離れていても、「人間のコミュニケーションにおいて……決定的な役割」を果たすとするトムキンズの見方にふさわしい[26]。

　情動理論は、今日でもいくつかの科学的議論において重要性を保っている。例えば、動物を用いたヤーク・パンクセップの研究は、情動は「脳深くの皮質下の構造と結びつき、原始的内臓起源の身体〈自己の核〉の表象と相互作用しあう」のに対して、認知は「新皮質における情報の処理に係わり合う」という結論に至る。彼によれば、情動は「より高度な感情」に「分解」される「生《なま》の」力とみなされる。こうした傾向に沿って、ナンシー・ステインが率いる研究チームは、情動反応を、感情とは異なり、「自動的」なものであるとする。それらは、高度な「速さ、強さ、継続時間」を持つ刺激への無意識の反作用である。この見方において、情動は「生理学的反応の変化段階を導く進化上の原始的な合図である」。そして、情動は「認知的評価をほとんど、あるいは全く」含まないため、感情とは異なるという[27]。

情動理論の重要性は、『感情・情動の科学事典』の出版によって強調されることになった。つまり、多くの短い項目に並んで、「情動（哲学的見地）」、「情動（心理学的見地）」、「情報としての情動モデル」、「情動の突発」といった項目が立てられているのだ。しかしながら、この事典そのものが、この主題の本質が論争含みであることを明るみに出した。ルイス・C・チャーランドが記したように、「「情動」の意味をめぐる科学的論争は、「情動科学」の目的や範囲を根本的に再考すべきところまでエスカレートしている[28]」。

作られた感情——社会構築主義的な見方

情動理論が感情の生得的性質を徹底的に主張するのに対し、「社会構築主義」は、文化とヴァリエーションを強調する。運動としての社会構築主義を主として形作ったのは、社会学者、人類学者、哲学者たちであった[29]。しかし、感情の社会構築主義理論は、大部分が心理学者によって作り上げられた。すなわち、彼らは評価理論を熟知し、その恩恵を受けていたが、「言語に対する敏感さや人間の文化の多様性への配慮」を尊重してもいたのである。彼らの見方によれば、心理学者ジェイムズ・エイヴリルが書いたように、「感情は状況を評価したり、反応を組織したり、行動を自己観察（解釈）することを導く信念のシステムもしくは概念的枠組みと理解されるだろう」。エイヴリルは、そうした概念的枠組みが普遍的――進化の過程で人間の心に「組み込まれた」もの――であると決めてかかるのではなく、それらが後天的で内面化された社会的規範を表すと仮定した。社会構築主義者は、例えば、「幸福」はあらゆるところで常に感情とみなされるわけではない、と考える。場所によっては、それは概念とか単語としてさえ認識されていないかもしれない(30)。

社会構築主義者が考えるように感情が後天的なものであるならば、それらは俳優が覚える台詞や動作のようなものである。社会構築主義者の手にかかれば、感情表現は一種の「実践」もしくはパフォーマンスになる(31)。人々が感情を表現する時、彼らはある役を演じる。その役には、身振りや叫び、涙、赤面、見開いた目が含まれるかもしれない。しばしばある単語を特定の仕方で言うことにもなる。その役は不自然には感じない――少なくとも、必ずしもそうではない。そして、「フィードバック」の可能性を考慮すれば、ある感情のパフォーマンスは、実演しようとする感情の気分を引き起こしさえするかもしれない。それにもかかわらず、研究者が「感情のパフォーマンス」と言う場合、人々が用いる感情を表す言語や動作の伝統的・習慣的なあり方が強調される。これらはしばしば「表示規則」の利用を伴う。この点で、社会構築主義的な見方とダーウィン的見方は協力関係にある。

感情の「パフォーマンス」は、哲学者J・L・オースティンが「行為遂行的《パフォーマティヴ》」と呼んだものに結びつけられることがある(32)。オースティンの指摘によれば、ある発話は物事を描写する。例えば、「犬は毛に覆われている」とか、「その歌手は赤いドレスを着ている」というものである。こうした発話は「事実確認的《コンスティティヴ》」である。しかし、別の発話は変化を生み出す。例えば、判事が「被告は有罪である」と言うと、判事は被告の地位そのものを変化させることになる。つまり、有罪判決は「行為遂行的」

である。

オースティンに続いてすぐ、哲学者ロバート・ソロモンは感情を次のように定式化した。「感情とは、J・L・オースティンが「行為遂行的」と呼んだもの——出来事の状態を単に描写したり評価したりするのではなく、何かを行なうための判断——の言語習得前の類似物と言えるかもしれない」。「その犬は私を脅かす」というのは、犬を描写しているのではない。私たちが怯える必要もないのかもしれない。しかし、その発話自体が、その犬を私たちの恐怖の対象に変える評価を含んだ判断なのである。この考え方は、その多くを認知主義の伝統に負っており、主観的な評価を重視する。ソロモンの見方は社会構築主義的であるが、ねじれを伴っているのだ。彼は、社会的規範の内面化について語る代わりに、しばしば互いに対立する複数の規範について語る。すなわち、「感情的な判断を下す際に用いる解釈の型や価値基準は、我々が生み出すのではなく、教え込まれるものである。……我々にとって問題なのは、少なくともこの社会では、そうした型や基準にはほとんど常に別の組み合わせが存在するということである[33]」。

感情のパフォーマンスは、主として人々がどのように振る舞うのかとか、それが他人に与える影響を扱うので、そうした振る舞いを編成するものについての関心へとごく自然に変化する。こうした観点においては、感情は外部から「管理される」ものとなる。ちょうどオーケストラの団員が指揮者の指示通りに演奏しようと努めねばならないように、人々も期待される通りに自身の感情を演じるよう努めねばならないのだ。国家、雇用主、家族、宗教指導者など、多くの潜在的な管理者が存在する。ソロモンはこれらすべてについて同時に言及すべきとみなすが、通常、研究者たちはそうはしない。

図 2　アメリカの航空会社の女性客室乗務員(1960 年代半ば)
女性客室乗務員の快活な微笑みが，食事を提供する際の彼女の顔を晴れやかにしている．社会学者のアーリー・ホックシールドによれば，この客室乗務員は，容赦ない「感情労働」を通じて，彼女が表示している陽気さを感じることを学んだ，航空会社従業員の成功例である．(©Underwood Archives/Getty Images)

とりわけ社会心理学者は雇用主に注目しがちであり、例えば、一般にサービス産業は労働者たちに朗らかでいるよう要請することを見出す。感情の管理についての古典的研究は、アーリー・ホックシールドによってなされた。最も印象的なのは、ホックシールドが旅客機の客室乗務員の訓練を観察し、彼らが単に微笑んで陽気そうに見せるだけでなく、実際に微笑みたくなり陽気に感じるように教え込まれる様子――雇用主が従業員に身につけて欲しいと望む「感情の規則」の内面化――を明らかにしたことである。ホックシールドはこの過程を「感情労働《エモーショナル・レイバー》」と呼んだ(図2参照)。社会構築主義者たちは、社会的規範やパフォーマンス、感情の管理者や管理を強調するために、一見すると、感情を身体の外部に位置づけているかのようである。しかし、そうではない。彼らにとって感情とは、身体と心の両方に存在する。双方が社会的規範を吸収するのであり、だからこそそれは「身体化」と呼ばれるのである[34]。

神経科学者の中にも、こうした社会構築主義のパラダイムに基づいて研究する者がわずかながらいる。彼らは、心の働き(認知や感情、概念形成など)と身体の活動(筋肉の動作、鼓動、赤面など)との双方が脳に由来するに違いないと仮定し、数人の神経心理学者は「感情の心理学的構築」と呼ぶ理論を磨き上げてきた。心理学的構築主義は、心と身体の区別を放棄する。つまり、心というのは「文脈における脳と身体」なのだ。さらにこの理論は、感情も認知も同種のもの、すなわち「概念化」であるとみなす。脳は「状況依存的な概念化の発生装置」なのである[35]。

この重要な主張を、最後の二単語――概念化、発生装置――を手がかりに分かりやすく整理してみよう。もし、脳がそれ全体として概念の「発生装置」であるならば、あれこれの感情に割り当てられた「場」として脳のあれこれの構造を見ようとする科学者たちは間違っていることになる。心理学的構築主義の見方においては、解剖学的な脳の「部位」というのは妄想にすぎない[36]。むしろ、脳全体にわたる神経ネットワーク内の相互作用が、あらゆる活動に関与しているのである。その活動は、感情、認知、記憶、感覚というように上手く切り分けることはできない。それらすべては常に三段階ある脳の基本的な「心的プロセス」に関わっている。その三段階とは、(一)外界からの基本的な感覚情報を表象する、(二)身体からくる基本的な内受容感覚を表象する、(三)蓄積された以前の経験の表象を起動させることで内外の感覚を意味づける、である。[37]

「意味づける」という言い方は、「状況依存的な概念化の発生装置」という考え方の一部である「概念化」を解明しつつある。私たちの脳には、生まれつき、内外の環境を監視する順応性のあるメカニズムが備わっている。脳がそれらの知覚を保持し、記憶の中でパターン化することで、私たちは外界を徐々に意味づけられるようになる。生まれたばかりの私たちは空腹が何であるかを知らないが、ミルクをもらうと満足を感じ、「蓄積された以前の経験の表象」によって、食べ物が欲しいということと、私たちが空腹として「概念化」したものとを結びつけることが可能になる。同様に、生まれたばかりの私たちはどんな時に怒るのかを知らないが、腸や他の身体器官からくる特定の感覚――私たちの内受容感覚――と、私たちの周りにいる人々が怒りと呼ぶことを徐々に関連づけるようになる。そして、ついには、その特定の感覚の組み合わせを「怒り」と同一視することになる。

しかし、もし私たちの周りにいる人々――それゆえに私たち自身――が、そうした感覚や行動や泣き声を「怒り」と同一視せず、全く何でもないものとしたらどうだろうか。あるいは、それらが他の感覚と結びつけられたらどうか。これが、脳が「状況依存的」であることを部分的に説明する。（別の部分は、心理学的・内受容性の自己における脳の状況依存性のことである。）脳は、言語やカテゴリー（例えば「感情」）を提供する社会的世界《ソーシャル・ワールド》の中にある。その世界は、目的や価値をも提起する。感情というのは、「昆虫」がそうであるのと同様に、概念化されたものである。しかし、感情は「人々が自身の文化的背景において重要で意味があるとみなす、繰り返し起こる状況の構造を反映」している点で、昆虫とは異なる。とはいえ、心理学的構築主義が重要視するのは、文化的背景よりも「ある感情のそれぞれのインスタンス〔個々の具体的な経験に対応する心的構築物〕」に関係する脳のシステムである。つまり、怒りというのは一つの「実体」ではなく、私たちが相互に結び合わせてきた複数のインスタンスに関係する脳の状態についての便利な単語にすぎない。カテゴリー化することは、私たちが「状況依存的な行動」をとるように備えさせてくれるので有用である。例えば、怒りという語に意味を見出し、その語を用いる世界に生きているならば、それについて知っているのは好都合である。そして、私たちは怒り（だけでなく、私たちの文化が規定するあらゆる感情）に従って行動するよう備えるがゆえに、そのカテゴリーは私たちがどう感じることになるのかについて影響を及ぼすのである(38)。

　遺伝学の新しい研究の中にも、社会構築主義に「環境構築主義」を付け加えることによって、前者を部分的に支持するものもある。後生学《エピジェネティクス》は、「感情」と同様に定義は一つではないが、あらゆる科学者にとって、遺伝子と遺伝子の突然変異がすべての形質を直接には説明しないことを意味している。遺伝子は、形質を作るために自身を発現させねばならず、要するにタンパク質を生み出さねばならない。しかし、遺伝子発現は、非遺伝的な——つまり、後生的な——要因によって変化したり抑えられたりする。そして、こうした変化もまた時に遺伝しうる。

　後生的な要因は「環境的」である——たとえその環境が細胞自体であるとしても、そう言える。遺伝学研究の大半は、後生学のバイオ化学に注目し、例えば、遺伝子が機能する過程へのメチル化の影響を解明しようとしている。様々な食品の中に見られるメチル基は、ＤＮＡの一部ではなく、ＤＮＡのらせん構造（ＤＮＡを構成する四つのヌクレオチドの一つで、シトシンという特定の炭素原子を伴うもの）に結びつき、良い影響も悪い影響も与えうる。なぜなら、メチル基は遺伝子の発現を抑えたり変化させたりできるからである。メチル基のみがそうなのではなく、ヒストンとして知られるタンパク質も、ゲノムの一部ではないが、特定の場合に遺伝子を調節することができる。(39)

このことは、感情というテーマとはかけ離れて見える。しかし、遺伝子が働いているバイオ化学的環境の原因を突き止めようとする時、科学者たちはそのテーマに接近する。ある研究グループは母ラットの行動を観察する中で、授乳中に子ラットをより上手に嘗めたり毛繕いしたりする母ラットから生まれた子ラットは、それらの行動に劣る母ラットを持つ子ラットとは異なるDNAのメチル化が見られるということを発見した。成長すると、「より思いやりのある」母から生まれたラットは、そうでないラットよりもびくびくせず、ストレスをあまり示さないことが分かった。思いやりのない母ラットのもとに生まれた子ラットが、より思いやりのある母ラットに育てられると、血のつながった子ラットと同じ結果になった(その反対も然り)。つまり、「母親の行動の違いは、ストレス反応における個々の差違が非ゲノム的に[すなわち後生的に]、世代を超えて伝達されるメカニズムの役に立っている」のである。(40)

こうした研究の書き手は、「母性愛」とは言っていないし、実際、実験対象の子ラットが母ラットを「思いやりのある」とか「思いやりのない」と呼んでいるわけではない。しかし、これを人間に当てはめて考えないというのも難しい。シッダールタ・ムカジーは、一九四五年の冬にオランダ人を襲った飢餓が、次世代どころかさらに次の世代にも影響を及ぼした様子を印象的に説明した。すなわち、それは「新陳代謝や貯蔵に関係する遺伝子の発現」を変化させたのである。ムカジーによれば、「怪我、感染、心酔、あるいは特定の夜想曲《ノクターン》の耳について離れないトリル」など、あらゆるものが後生的な効果——それは全くもって予想できないけれども——を潜在的に持つとされる。[41]

ダニエル・スメイルもまた遺伝子への環境の潜在的影響力を強調する。環境は多かれ少なかれ遺伝子に特定の表現型を帯びさせるというのだ。スメイルは、人間の脳に対して「共進化的なアプローチ」をとる。つまり、脳は可塑性を持ち、固定されておらず、その発達の大部分が「環境からの影響によって引き起こされるに違いない遺伝子的情報を持つ潜在力」に依拠するという。心理学的構築主義者と同様、スメイルは次のように主張する。

> 〔脳の神経構造は〕日々、私たちが見たり聞いたり感じたりする物事と相互作用する。それらは脳＝身体のシステムや私たちが摂取する化学物質が放出する神経伝達物質によって影響を受ける。私たちの脳＝身体の中で起こる化学的・電気的信号の微妙な作用がもたらす結果は、私たちが衝動、食欲、意欲、性癖、感情、気分、病的嫌悪などとして感じる様々な身体状態なのである。[42]

スメイルは心理学者ではない。彼は歴史家であり、科学者が生み出す理論を喜んで自身の仕事へと導入しているのだ。もう少し慎重な歴史家たちもいる。しかし、現代文化とその科学的傾向に関わる者はみな、程度の差はあっても、人類のより大きな物語に相応しい新しいアプローチや洞察を生み出そうとする時にはなおさら、科学的な関心や仮説、語彙を利用する。そういうわけで、次は、感情をテーマにしたいくつかの重要な歴史的アプローチを見ることにしよう。

2

アプローチ

バビロンの占領後、ダレイオスは自らスキュタイ人遠征に向った。今やアジアは、人口も豊かに、国庫に集まる収入は莫大な額に上ったので、ダレイオスはスキュタイ人に報復を思い立ったのである。それというのも先に侵害したのはスキュタイ人の方で、彼らはペルシア人の進攻以前にメディアに侵入し、抵抗するメディア人を撃破したことがあったからである。

ヘロドトス『歴史』巻四*

理論は、それが科学的、哲学的、あるいは神学的なものであっても、専門家が専有するものではない。理論は他の領域や、専門家以外の人々のあいだへと広まり、物事の考え方を形成する一因となる。それは感情史の研究者にとっても同じである。そこで本章は、感情史への主要な基礎的アプローチを概観する。そのほとんどは特定の歴史家が提唱したものだが、すぐに歴史学のより大きな議論の一部となった。とはいえ、比較的新しいこの研究分野において、その「基礎」はかなり最近になって形成されたものである。本章の最終節では、複数ある基礎的アプローチを、ある具体例に照らし合わせて、一つずつ比較検討する。その例とは、アメリカ合衆国の独立宣言である。

はじまり

歴史家は叙述を面白くし、登場人物の動機を説明してくれる感情を常に取り上げてきた。例えば、古代ギリシアの歴史家ヘロドトス（前五世紀）は、ダレイオスのスキュタイ遠征を論じる際、ペルシアの支配者ダレイオスを長椅子に座らせて、「報復を思い立った」と言わせる必要はなかった。実際にダレイオスが復讐心に駆られたかどうかは別として、当時のヘロドトスの読者にとっては、復讐への欲求は戦争を起こす動機として、十分理解されたからである。

一九世紀に文化史が登場すると、一部の歴史家は社会全体の感情的気質の特徴を論じる方法を見出した。それを実践した歴史家でとりわけ影響力を持ったのは、一九一九年にオランダ語で『中世の秋』を発表したヨハン・ホイジンガである。ホイジンガにとって、中世は人の「子ども期」に相当した。そして中世後期は、この「子ども期」がその終わりに、華麗に表現された時代であった。

世界がまだ若く、五世紀ほどもまえのころには、人生の出来事は、いまよりももっとくっきりとしたかたちをみせていた。……すべて、ひとの体験には、喜び悲しむ子どもの心にいまなおうかがえる、あの直接性、絶対性が、まだ失われてはいなかった。……生活の種々相が、残忍なまでに公開されていた。これでもか、これでもかと、みせつけられていたのである。……すべてが、多彩なかたちをとり、たえまない対照をみせて、ひとの心にのしかかる。それゆえに、日常生活はちくちくさすような情熱の暗示に満たされ、心の動きは、あるいは野放図な喜び、むごい残忍さ、また静かな心のなごみへと移り変わる。このような不安定な気分のうちに、中世都市の生活はゆれうごいていたのである。

ホイジンガの時代には、「子ども心」、ないし「未開の心」という言葉は、幅広く用いられた構成概念であり、人類学者もそれについて論じていた。西洋史研究者にとっての中世は、人類学者にとっての先住民文化に相当したのである[1]。

フランスの歴史家、リュシアン・フェーヴルがホイジンガを読んだのは、ナチズム台頭の時期である。マルク・ブロックと並び、いわゆるアナール学派の創始者であるフェーヴルは、過去に通底する永続的な構造に関心を寄せていた。フェーヴルとその同僚は、政治史を事件史、すなわち、ただの「出来事」を語ったものに過ぎないと批判した。フェーヴルたちにとって重要な構造の一つは、心性《マンタリテ》という緩やかに変化し、感情や態度として露わになる人のこころだった。フェーヴルはホイジンガの用語と、心理学者の同僚が唱える感情理論を検討し、文明的生活の表層下では常に感情が蠢いていると考えた。しかし、感情はときに荒々しく表出する。例えば、中世がそうであり、さらに再びフェーヴル自身の時代、まさにドイツ軍がポーランドとチェコスロヴァキアを占領し、フランスを占領下に置こうとしている時代に、感情は荒々しく表出したのである。フェーヴルは、感情のそのような奇抜なふるまいを歴史家が理解しない限り、感情は繰り返し暴発することになると考え、新たな歴史を提唱した。それは「嫌悪の歴史、恐怖の歴史、残虐性の歴史、愛情の歴史」である。(2)

フェーヴルはドイツ人社会学者ノルベルト・エリアスのことを知らなかったが、フェーヴルが新たな歴史を提唱した一九三九年の時点で、エリアスは事実上それに応えていたと言える。エリアスは、ホイジンガやフェーヴルと同じように中世を捉え、さらに「中世の人々は野蛮、残忍で、暴れ出しやすく、刹那の喜びに身を委ねた」と主張するほどだった。しかし、エリアスは、感情が軛から解き放たれた新たな時代の到来がナチズムによって告げられたとは考えなかった。むしろ、ドイツは西洋文明の一般的な発展過程にとって例外的な存在であると考えた。その過程とは、大まかに描けば、衝動から抑制へ、無作法から礼儀作法へ、そして原始的衝動の支配から、超自我の専制への変化である。この変化をもたらしたのは、一六世紀から一七世紀にかけての絶対王政国家である。その典型的な例として、軍隊を独占したルイ一四世の宮廷では、気まぐれに暴力をふるうことが問題になった（なおドイツには絶対主義が成立しなかったため、その展開が妨げられてしまった)。ジークムント・フロイトとマックス・ウェーバーの影響を受けたエリアスは、近代人は複雑な官僚制機構における良心に苦しめられた歯車であると考えた。同時に、良心によって近代人は感情を抑制することができ、高尚な気持ちを感じることができると考えた(3)。

一九八〇年代以前、感情史を研究しようとする者は、ホイジンガ、エリアス、フェーヴルを手がかりにすることが多かった。一九八〇年以降は、感情史のアプローチと研究方法が、認知革命と社会構築主義の視点をもとに築かれた。しかし、感情理論の歴史および心理史という二つの学問的潮流は、この変化とはかなり離れたところにある。前者の潮流は、感情史とはほとんど異なる領域にある。それは、インテレクチュアル・ヒストリーの一部を構成しており、今日でもその状況にほとんど変わりはない。H・ノーマン・ガーディナーとその同僚が一九七三年に発表した野心的な研究が、この好例である。ガーディナーらの研究は、ヘラクレイトス(前五世紀)から一九三〇年代までの感情理論の展開を追ったものである。このような研究は引き続き行なわれており、カルラ・カサグランデとシルヴァーナ・ヴェッキオによる中世の感情理論に関する最近の著作のような一部の研究は、幅広い歴史的文脈の中で感情理論を論じている。近年の研究書の一部には、感情理論と「生きられた」感情とを統合させたものもある(4)。二つめの独立した潮流、すなわち心理史は、精神分析学の知見に依拠している。一九七〇年代に大きな注目を集めた心理史は、今日でも一定の支持者を保持している。例えば、ルートヴィヒ・ヤーヌスは「人の赤ん坊は、体をもって外界に生まれるが、感情の観点から見れば、母親の胎内でものごとを経験しているのと変わらない」と主張する。ヤーヌスによれば「先住民文化」には、この胎児の段階より先に発展する余地が全くないが、西洋文化は「操作的思考と自分と相手とを区別する感覚とを発達させる」方法を見つけたのである。精神分析学を用いても、「心理史家」にはならない歴史家もいる。リンダル・ローパーもその一人である。ローパーは、フロイトの知見を人類学や文芸批評などいくつもの分析ツールの一つとして用い、近世の人々の主体性を現代人の感受性に引き寄せて論じている。(5)

エモーショノロジー

フェーヴル以前にも、もちろんフェーヴル以後にも、歴史の中の感情について論じた歴史家は多数存在する。(6) しかし、感情史という「現代の学術領域」を発足させたのは、一九八五年に歴史家のピーター・スターンズと、当時スターンズの妻で歴史家・精神科医のキャロル・ジゾヴィッツ・スターンズが発表した論文であると言ってよいだろう。スターンズ夫妻は、「感情そのもの」はほぼ普遍的で変化がないため、歴史家が着目すべきなのは「感情そのもの」ではなく、時代とともに変化する感情の基準（「エモーショノロジー」と名付けられた）であると提唱した。二人の考えを展開した論文には、二つのエピグラムが用いられている。その二つめは、ポール・R・クラインジンナとアンナ・M・クラインジンナ（第1章を参照）による、「感情そのもの」の複合的な定義である。一つめが、彼らの造語「エモーショノロジー」の定義である。

エモーショノロジー：ある社会やその内部の特定の集団が、基本感情とその適切な表現に対して保持する態度や基準。人間の行動におけるこうした態度を諸制度が反映し促進する流儀。例えば、求愛行為は婚姻関係において情動がどのように評価されるのかを表している。社員研修には、職務上の人間関係において怒ることがどう評価されるのかが反映される(7)。

この定義が示すように、スターンズ夫妻は基本感情の概念を受容している。一九七〇年代に心理学者ポール・エクマンとその他の研究者が規定したように、基本感情は普遍的であり、変化することはない。しかし、スターンズ夫妻は普遍主義の観点と社会構築主義的な立場とを調和させる方法を見つけた。生物学と社会とのあいだに不一致を見出すのではなく、彼らから見て生物学的なるもの、すなわち基本感情を、社会的なるものから注意深く切り離したのである。基本感情が変化を被らなかったとしても、人が感情をどこでどのように表現するべきかに関する基準は急速に変化してきた。アーリー・ホックシールドが示したように、感情は「管理される」ものであった。スターンズ夫妻は、感情を管理する過去の慣習を発見する方法として、エモーショノロジーを提唱したのである。

スターンズ夫妻の方法は単純明快だった。作法書を系統的に活用したのである。作法書は、一八世紀の西洋社会において中流階級の読者層に向けて書かれるようになり、今日に至るまで絶え間なく刊行されてきた。怒りに関する本の中で、二人はその分析技法を明かしている。最初に、アメリカ大西洋岸北部地方の読者層に向けて刊行された作法書を主とし、雑誌掲載の小説なども含んだ、一九世紀から二〇世紀にかけての文書史料を大量に収集した。第二に、これらの史料から家庭——親子間、配偶者間、子ども同士の関係――および職場での怒りの管理について書かれている内容を読み取った。読解の際には、作法書の出版年に注意し、感情の基準が同一である期間と変化する節目を識別しようとした。第三に、スターンズ夫妻は、種類の異なる史料――手紙や日記などの個人の手による史料――から、特定の時期のエモーーショノロジーが「感情そのもの」に影響を及ぼしたのかを確かめようとした。スターンズ夫妻はこれらの史料から、実在した家族がどのように振る舞ったのか、実在した労働者や経営者がどのように行動したのかを探求した。そして、新たな基準と行動は、ある種のフィードバックのメカニズムのように、実際に人々がいかに感じるかに影響をもたらすと主張した。つまり、感情を管理することと、真に感じることとが対峙し、影響を与え合ったというのである。したがって、スターンズ夫妻にとって、感情は結局のところ固定されたものでも、不変のものでもなかった。感情の規則は、ある種のダイナミズムを有しており、感じられる感情を「形成」したり、ときに「立ち上げ」たりすることさえあった。作法書を真剣に読んだ読者がエモーショノロジーを吸収し、それを実践したならば、それは嘘偽りのない感情表現になったのである。最後にスターンズ夫妻は、様々な要因がエモーショノロジーに変化をもたらすと考えた。彼らは社会経済的な変化が起きると、科学者や他の「専門家」の見解における新たな潮流と相まって、作法書の内容が決められると主張した。この意味において、感情の諸理論は、人が実際に感じた気持ちと不可分の関係にある。例えば、ダーウィンの「適者生存」説は、競争的行動を促すエモーショノロジーを職場にもたらした。同時に、社会ダーウィニズムという仮説はそれ自体、産業化社会の要請による影響を受けたものだった(8)。

スターンズ夫妻の研究がもたらしたのは、原因と結果、そして転換点を明示する歴史であった。少なくともアメリカ大西洋岸北部地方には当てはまる、怒りの物語を考えてみよう。一八六〇年代まで、ヴィクトリア時代風の作法書は、あらゆる形で怒りを非難していた。しかし、一八六〇年代から一九四〇年代にかけて、怒りを完全に抑制することは、非現実的だと捉えられるようになった。新しいエモーショノロジーは、何でも怒ればよいとは言わないまでも、とりわけ家の外で意欲的、活動的になる少年たちが、怒りを適切に発散するよう勧めることによって、怒りという感情を認めたのである。スターンズ夫妻は、これと同じような「現実主義」が婚姻生活の作法にも、より婉曲的にだが、入り込んだ」と言う。しかし、ここで「現実主義」は、怒りではなくセックスを軸とし、「口論や怒りは、性生活がうまく調整できていない兆候である」と助言されるようになった。この時期には、夫婦間の怒りを減らす方法を説く大衆出版物が現れ、それは一九四〇年代以降のエモーショノロジーの主要なテーマとなった。こうして、怒りに対する新しい基準は消費主義や文化、イデオロギーにおける種々の変化と相まって、「性格スタイルに対する影響」をゆるやかにもたらした。親は「自身の怒りをコントロールすることに力を入れた」。女性は「家庭で怒りを表現してもよいと、新たに、ただし慎重に承認され、その恩恵を得た」。そして無過失離婚という、怒りを回避して和解する制度の発展に見られるように、公共政策でさえ新たな期待に応えたのである(9)。

怒りの次に、ピーター・スターンズと、スターンズに師事したティモシー・ハガティは、同じ分析技法を用いて恐怖のエモーショノロジーを研究した。それによると、一八五〇年から一九〇〇年までは、作法書は無知な大人が子どもに恐れを刷り込まない限り、子どもはそもそも恐れを知らないと説いた。同時に、「道徳を説く童話は、少年期を上手に過ごすことができるよう、積極的に恐怖と対峙すべきだと説いていた」。成人男性と少年にとって重要な言葉は「勇気」であった（同じ史料群では、少女は信仰に支えられ、恐れを知らずに早世し、成人女性は勇気ある男が戦地から帰ってくるのを忍耐強く待った）。これらの徳を息子と娘に刷り込むため、母親は子どもを躾ける際に怖いという感情を利用しないよう忠告された。こうしてブギーマン（「悪いことをするとお化けが出るぞ」という文句のように、親が子を躾ける際に用いられた想像上の存在）は放逐された。恐怖全般は合理的な行動を妨げるとして信用されなくなったのである。しかし、一九五〇年頃このエモーショノロジーは変化した。子どもは怖いという感情にあふれて生まれてくると見なされるようになった。そして作法書は、恐怖を与える状況から子どもを守り、安心させるよう親に説くようになった[10]。

これらの先駆的な初期の感情史研究は、数多くの研究者に着想をもたらした。今もそれは続いている。キャロル・スターンズは歴史研究からはなれたが、ピーター・スターンズは感情研究を続けている。ピーター・スターンズは、エモーショノロジーはほぼ私的領域に関わるもので、（無過失離婚の実施の例のように）間接的にしか公共政策に影響を及ぼさないと当初は考えていた。しかし、ピーター・スターンズは次第に政治機構に焦点をあわせるようになった。そして、ハガティとの共同研究に基づき、怒りと公共政策に関する本を出版した。同書によれば、一九四一年の日本の真珠湾攻撃の際、アメリカ人は自分たちを育ててくれた作法書の通り、怖いと感じることを拒んだという。フランクリン・デラノ・ローズベルトが、一九三三年の大統領第一期の就任演説において、恐怖を矮小化しえたのも、このような理由による。ローズベルトは「われわれが恐れなければならないのは、恐怖そのものである」と言った。

しかし、一九五〇年以後、恐れることがタブーになるにつれ、人々は恐れることに脅えるようになっていった。戦後のアメリカ合衆国は、シートベルト、医薬品、自転車用ヘルメットなどが例示するように、人々が安心して暮らせる国になっていったはずである。にもかかわらず、アメリカ人はこれ以上ないというくらい脅え、恐れていた。それゆえ、二〇〇一年、テロリストを乗せた飛行機がニューヨーク市を攻撃した時、真珠湾攻撃の時とは異なる反応が見られた。スターンズによれば、真珠湾攻撃の時とはまさに正反対の反応である。つまり、「ニューヨーク市を襲ったのは明らかに恐怖だった」のである。もちろん、それはニューヨーク市だけの話ではない。人々を安心させるために新たな解決策が考案されたが、皮肉なことに、恐怖の炎を煽るだけだった。新たに国土安全保障省が設立され、対テロ戦争が始まり、テロ脅威度の「不吉」な色別評価が、すでにある不安を煽ることになったからである。スターンズにとって、エモーショノロジーの研究は、トップレベルの政治政策を理解するのに不可欠である。スターンズは恐怖のエモーショノロジーの発展は「数十年前に始まり、当初は個人間や家族間のことであったが、……それは脅威に対する公的な反応を形成し始めた」と、論じる。[11]

今日、エモーショノロジーは作法書から離れたところで意味を帯びるようになった。それは、歴史的な領域と非歴史的な領域の双方にまたがる。非歴史的な領域の事例として、社会人類学者のインガー・リセ・リアンによる、「ギャングのエモーショノロジー」研究がある。リアンによれば、暴力的な成人男性や少年は不安に苛まれながら、それを表に出すことを許されない。「これこそ道徳律、あるいはわれわれが犯罪性のエモーショノロジーと呼ぶもの、もしくはギャング・エモーショノロジーである。このエモーショノロジーは、状況に応じてこうあるべきだったとされる気持ちに関するものであり、実際に感じられた気持ちについてのものではない」とリアンは論じた。[12]

歴史家はスターンズが提唱した方法を、様々に活用してきた。スーザン・マットによる郷愁の研究は、この感情への態度に急激な変化があったことを解明した。マットによると、一八・一九世紀のアメリカでは、家や故郷への郷愁は尊ばれ、自由に表現された。しかし、二〇世紀になると、郷愁は弱さのあらわれと考えられるようになり、実際に感情としての地位を失った。作法書や他の史料に基づきマットは、「郷愁の歴史は、アメリカ人がどのようにして感情を管理することを学んだのかという物語を再現するが、さらにそれに加えて、アメリカ人がいかに資本主義活動を支える個人主義の習慣を学んだのかを明らかにする」と主張した。したがって、郷愁の場合においてさえ、感情は社会的、経済的な必要性により変化したのである。ウーテ・フレーフェルトとベルリンにある彼女の研究チームも、児童文学がどのように感情を教えたのかを調査し、同様の点を指摘している。変化は作法書にあらわれる価値観の変遷と一致するが、それはまた社会全体の価値観を反映している。スターンズ自身は、もう作法書に拘泥することなく、近年は統計を扱い、「計量可能な〔生活の質の〕向上と幸福感とのあいだのギャップ」を論じている。ここでスターンズは、フロイトやエリアスが取り憑かれたテーマに立ち戻る。すなわち、近代そのものが満ち足りなさをもたらすというテーマである。しかし、スターンズにとって、問題は「他人から見て明るく幸せであろう（そして可能なら実際そうあれ）」と、人々に強いるエモーショノロジーである。[13]

マットは、近年の感情史研究を整理し、時系列による進展を次のように論じている。「最初に、典型的感情を考察する研究者が登場した。次に現れたのが感情経験を、また、社会的慣習と個人的感情とのあいだにある差異を再現しようと試みる歴史家であった。さらにそこに、同じ社会の中にも互いに競合する予測や規則が存在すると提唱する歴史家が加わった。……次第に次のような合意が生まれた。感情生活を研究するためには、それを支配する社会の規則を理解しなければならないが、その規則を探求しようとするなら、その規則に対する個人の反応を調査することが少なくとも必要である」。この論に従えば、エモーショノロジーはこの第一段階にあたる。第二段階がウィリアム・レディ、第三段階がローゼンワインとなる。この順に従い、引き続き感情史へのアプローチを見ていこう。次はウィリアム・レディである(14)。

感情体制とエモーティヴ

感情史家のマットは、「感情経験を、また、社会的慣習と個人的感情とのあいだにある差異を再現しようと試みる歴史家」について述べている。これは、人類学・歴史学の教授であるウィリアム・レディのことである。レディがはじめて自身のアプローチを発表したのは、一九九七年、『カレント・アンソロポロジー』掲載の論文「構築主義に抗して」においてであり、レディは人間の歴史よりも、人間の性質について関心を抱く読者を魅きつけた。

レディが構築主義に反対したのは、構築主義は根本的に相対主義であると考えたからである。もし、価値観、思想、ジェンダー、感情がすべて社会的に構築されているのであれば、社会を批評する方法は存在しないことになるとレディは主張した。つまり、私たちが語ることは、何もかもが社会的に構築されたものとなり、それ故、批評の対象となる社会的構築物――政治システムや女性に対する態度と処遇など――と同様に、そこに社会的構築物であるという以上の価値はないのである。さらにレディは、もしすべてが社会的に構築されているのなら、変化を説明する方法がなくなると述べた。このことは、スターンズにとっては問題にならなかった。スターンズにとっては、社会、経済、そして知の変容は、エモーショノロジーの変更を導くからである。レディは変化について異なる理論を持っていた。感情そのものが変化の主体であるという理論である。レディ自身の言葉を借りれば、「感情の変化に一貫性のある説明を与えるには、動的なもの、つまり変化のベクトルを見出す必要がある。しかし、その動力は感情表現の性質そのものの中に見出される」。感情表現は、言葉によるものでも、行動によるものでも、感情表現は「それが「言及する」もしくは「表す」ものを変化させる独特の力がある。それにより感情表現は、「事実確認的」発話でも「行為遂行的」発話でもなく、三つめの伝達的発話となる」。レディは、この三番目の発話タイプを、「エモーティヴ」と呼んだ⒂。

レディは、なぜ「エモーティヴ」という用語を考案したのだろうか。この用語は、「行為遂行的発話」、すなわち変化させる力を持つ発話という、オースティンの考え方を持ち出したものである（第1章参照）。レディは、感情も行為遂行的発話と同じように変化をもたらす力があると説き、自ら考案した術語「エモーティヴ」によって、この考え方を表したのである。エモーティヴの作用は二つある。「エモーティヴ」は、それが向けられた相手を変化させ、それを発した人も変化させる。さらにレディは、社会がエモーティヴをどの程度許容するかという観点から、社会を評価することができると主張した。エモーティヴを歓迎し、その曖昧さや移ろいやすさに寛容な社会、すなわち「感情の自由」

の余地がある社会は、エモーティヴを制限し、「感情的苦痛」を引き起こす社会よりも、より良い社会だと言うのである。

レディは「感情」を次のように定義する。「短時間のうちには注意が翻訳することのできない思考材料を、目標のために活性化させることである」。この定義の特徴の一部は、よく知られている。認知科学者は目的や目標について論じており、レディの「思考材料」への言及は、感情の定義に関してレディが、認知科学者と同じ陣営に立ったことを意味した。感情は脳によって生成された「概念化されたもの」の一つであると考える心理学的構築論者とも、同じ陣営である。しかし、認知されたものを「短時間のうちには注意が翻訳することはできない」という考え方は、情動理論の一側面に準拠しており、これが「エモーティヴ」という仮説を導いた。「あなたを愛している」という発言を考えてみよう。レディにとって、この発言は、思考材料が感情的な発話行為へと「翻訳され」、活性化された結果である。事実、私たちはそのように発言するとき、「あなたを愛している」と言うことでかろうじて表現される、様々な気持ちをそのもの全体として抱いている。しかし、その気持ちすべてに注意を向けることができないため（なぜならそれらの気持ちすべてを「注意は翻訳することができない」からである）、少なくとも、私たちが「あなたを愛している」と発言する「短時間のうち」においては、私たちは「愛」に注目する。そうすることで、私たちは、他の目標に関連した気持ちも活性化させることになる。(16)

エモーティヴ、すなわち発話によって規定される感情は、それゆえ、他の発言とは異なる。エモーティヴは感情的状態を描写し（私たちが誰かを愛するのは「事実」である）、エモーティヴはそれが向けられた対象を変容させ（愛していると言われて動じない人はいないだろう）、そしてエモーティヴはその発言をした人に様々な気持ちを呼び起こすのである。レディ自身の言葉を用いれば、エモーティヴは「感情に関する活性化した思考材料に対して、説明を付与する効果と、自ら変化する効果を持つ」。「あなたを愛している」という発言は、新たな思考を活性化させる。それは、「今まで考えていた以上にあなたを愛している」かもしれないし、「あれ、本当にこの人を愛しているのかしら」かもしれない。レディにとって、エモーティヴは誠実でも、不誠実でもある。エモーティヴは、それと合致する目標が一つだという点で誠実である。しかし、人は一つ以上の目標を持つ故に、同一のエモーティヴが競合する目標と関連づけられる点において、エモーティヴは不誠実である。それは、このような場合である。「あなたを愛している」――けれども、一人でいたいとも思うの。「あなたを愛している」――でも、あの人のことが忘れられない。

　愛は感情の一つである。しかし、愛は　つに定まらない。同じことが、どの感情についても言える。どのような感情も、「短時間のうちには注意が翻訳することのできない」ものである。表現された感情は、そのすべてがエモーティヴである。このような仕組みによって、エモーティヴは人を常に自己探求へと導くかもしれない。しかし、エモーティヴは他から切り離されているわけではない。エモーティヴは、「感情体制」の支配下にあるからである。ここで「感情体制」とは、「規範的感情の一式と、それを表現し、人々に教え込む公的な儀礼、実践およびエモーティヴ」のことである。レディはさらに詳しく説明する。「感情のコントロールは、権力行使の現場である。所与の文脈や関係性のもとに立ち現れた気持ちや欲望を、不当なものとして抑圧したり、価値あるものとして重視したりする責務を負うのは誰なのか。政治とはまさに、この誰かを決める過程である」。感情体制は、ほぼその定義ゆえに、エモーティヴが潜在的可能性を十全に発揮することを許さないため、感情の避難所、すなわち「支配的な感情規範から人を安全に解放し、感情的努力を軽減する……また、既存の感情体制を補助したり脅かしたりする可能性のある、……関係、作法、もしくは組織」を創出する。感情体制があまりにも統制的であり、エモーティヴの自己変容効果を妨害し、人々が目標を変化させることを妨げると仮定しよう。すると、感情体制は人々に感情的苦痛をもたらすばかりでなく、感情体制に損失を与えうる感情の避難所を生み出すのである[17]。

『感情の航海術』を著したレディは、フランス革命は感情革命だったと主張した。感情抑圧的な宮廷は、激しい感情的苦痛を誘発した。そのため、ある種の弁証法により、人々はありとあらゆる情熱的な気持ちに価値があり、それが探求される感情の避難所を求めた。感情の避難所は、サロン、劇場、クラブなど多くの形をとったが、いずれも歴史家が言うところの「センチメンタリズム」を育んだ。そこでは、社会的序列は解体され、「共感の平等性」が優位に立った。そして、「人間の本性に関する新たな楽観主義が蔓延した。ある部分では人間の理性に対する信頼が、その楽観主義を支えた。しかし、誰もが抱くことのできる心情(sentiments)こそ人間の徳の基底にあり、政治改革の基礎となりうるという信念もまた、この楽観主義を支えたのである[18]」。

事実、フランス革命は感情の避難所の勝利を意味した。宮廷の抑圧的な感情体制を転覆させ、その代わりにセンチメンタリズムを導入した。しかし、この新たな感情体制は、また新たな感情的苦痛を生み出した。センチメンタリズムの感情体制は、大げさで情熱的な感情を求めたが、そうした感情を長期にわたり保ち続けることは誰にもできない。すぐに、（その反動として）誕生した総裁政府が、センチメンタリズムの感情体制を終了させた。ナポレオンの統治は、よりエモーティヴの性質に一致したものであり、エモーティヴに多様な出口と目標を与えた。次のロマン主義時代においても、エモーティヴの余地が認められ、文学、芸術、私生活の領域においてエモーティヴが探求された。しかし、その他の領域、すなわち公序良俗という「男性的」領域においては、感情は脆く、理性に劣るとしてその価値を減じられた。無論、理性も感情同様、脆いものである。情熱によって圧倒されやすい。しかし、男性が「一時の過ちを事実上覆い隠す」限りにおいて、そのことは許容されたのである。これが、ポスト・センチメンタリズムの時代における、新たな「感情操作の規範的体制」であった。この体制は例外的に安定しており、私たちの時代にまで存続している(19)。

次の著作『ロマンチック・ラヴの誕生』では、レディはそれまでの研究で注意深く定義した用語を破棄した。とはいえ、とくに西洋的経験に関する議論は、従来の図式を踏襲している。ロマンチック・ラヴを創出した原動力は、およそ次のように説明できるだろう（ただし、レディが以前用いた語彙は、この本では用いられていない）。中世南フランスでは、一二世紀前半まで、貴族はほぼ自由に目標を変更し、自身の感情を探求していた。恋愛、性愛、婚姻の世界においては、この制度には大きな柔軟性があり、感情対象を何度も変更し、目標を変動させることができた。このような状況下では、レディが普遍的な感情であると説く「結ばれたいという願い」は、様々な方法で叶えられた。その状況に対して異議を唱えたのが、一一世紀に新たに改革されたカトリック教会である。カトリック教会は、書面による申請と永続的な婚姻関係を求めた。性的欲求を非難し、人を堕落させる欲望とみなした。カトリック教会は、実際に、強力な新しい感情体制を創出した。すると、今度は教会が感情の避難所を生み出すことになった。韻文詩における、「ロマンチック・ラヴ」の創造である。この感情の避難所では、性愛は神聖な愛と言えるほどの自己犠牲的、精神的な愛と結びついた時、正しいものとして賞賛された。しかし、この避難所は、感情体制と同じくらい、人を制限するものであった。そのため、一夫一婦制の中で変わらない愛を求めるという、実現不可能な期待が作り出された。私たちは、その不幸な遺産とともに生きているが、そうではない文化も存在する。レディは、ヨーロッパの中世の経験を、同じ時期の南アジアおよび日本の文化と比較した。南アジアと日本では、性的欲求は宗教的実践とは区別されておらず、したがって、結ばれたいという願いを表現する方法は、常に多様であったと言う[20]。

レディの研究が他の研究者にもたらした影響は、多様である。文化人類学者のフェルディアンシャ・タジーブは、イスラム教インドネシア人のあいだのクィア・コミュニティが、いかに相反する感情の波間を「航行」しているかを論じた[21]。社会学者のヴァレリ・ド・クルヴィル・ニコルは、「社会的同調の創出」を説明するのに、エモーティヴは有効であると考えた。伝統的な目標と、逸脱への欲求とのあいだに対立が生じる場合、「伝統的エモーティヴ」は「喜ばしい社会的報酬」を約束することによって、問題解決の手段を提供するというのである[22]。しかし、レディの研究から着想を得たのは、他でもない歴史家である。例えばニコル・ユースタスは、アメリカ独立革命は次の点でフランス革命と同じだと説いた。どちらの場合も、「人は生まれながらにして平等であること、そして人が生まれながらにして権利を有することの確固たる礎」は、「人の情念と気持ち」であった。しかし、ユースタスは、エモーティヴを自己探求の手段としてよりも、社会的裁可、社会的係争、社会的変容をもたらす力として考えた。ユースタスによれば、発話された感情は他者に地位の違いや、権力の磁場、異議申し立てを伝える働きをしたという(この点について、ユースタスは感情操作のポリティクスに関するレディの論に依拠している)。他方、ユースタスは、アメリカ植民地の場合、センチメンタリズムは「感情の避難所」ではなかったと考える。むしろ、(イングランドからアレキサンダー・ポープの詩を介して)大西洋を渡ったセンチメンタリズムは、個人的徳、社会的徳の双方に情熱が果たす役割について、非常に論争的な議論を巻き起こしたことを解明した。ユースタスはこのように、感情がいかに多様な課題を遂行するのかを明らかにした。「一八世紀のアングロ・アメリカ人」は愛情を表現する時、「同時に自分自身の充足を求め、社会的地位を得ようとし、共同体の安定を探求していたのである」。同様に、「怒りを表現し、描写することは、流動的な植民地社会において、地位を交渉し、名誉と不名誉を確定する重要な手段を提供したのである」[23]。

感情の共同体

スーザン・マットは、「同じ社会の中にも互いに競合する予測や規則が存在すると提唱する」歴史家について語った。ここでマットの念頭にあったのは間違いなく、バーバラ・H・ローゼンワインのことである。二〇〇二年、この頃の感情史研究を評価した論文において、ローゼンワインは「感情の共同体(emotional communities)」を研究するよう提唱した。曰く、感情の共同体は、家族、隣人、議会、ギルド、修道院、教区教会の構成員などの社会共同体と全く同じである。しかし、感情の共同体に着目する研究者は、とりわけ感じ方のシステムを解明することを目指すのである。具体的に言えば、これらの共同体（およびその個々の成員）において、どんな感情が有益もしくは有害であると定義され評価されるのか。他者の感情はどのように評価されるのか。人と人とのあいだにあると認識される情動のつながりは、どのような性質なのか。感情表現において、予期される様式、推奨される様式、許容される様式、そして非難される様式は、それぞれどのようなものか(24)。

ローゼンワインは、このような新たな着眼点によって、感情史の進展を妨げる四つの「障害」が克服されると期待した。まず、これが最も重要であるが、エリアスが論じた文明化の過程である。当時感情史研究の多数派であった近代史家は、故意にせよ、偶然にせよ、文明化の過程の図式を受容し、感情に動かされやすい原始社会であった中世の土台の上に近代が築かれたと捉えた。このようにエリアスのシェーマが受け入れられていたことに、中世史家であるローゼンワインは納得しなかった。古代史家によれば、古代には古代の「文明化の過程」があったという(25)。中世史家の中には、文明化の過程の始まりが、一〇世紀にまで遡ると主張する者もいる(26)。ローゼンワインは、文明化の過程という着想自体が間違っていると考える。ローゼンワインによれば、感情が抑制されなかった時代、すなわち「人類の子ども期」など存在しない。「子ども期の時代」とは、生物としての子ども期しかありえない。

仮に、(歴史家の一方的な見方とはいえ)成人が子ども「のように」振る舞ったとしたら、その振る舞いは有意義な目的をもち伝統に則った感情様式として、そして意思伝達の方法と表現形式として理解され、評価されたのである。中世においても、それ以降も、一見衝動的で、(私たちには)一見粗野で乱暴な、声を張り上げる感情表現が高く評価される集団というのは、複数存在した。しかし、その複数の集団内においても、ある集団では特定の表現形式が高く評価されたのである。研究者の課題は、どうしてその表現形式が高く評価されたのかを理解し、それがどのように機能したのかを探求することである。

二つめの障害は、スターンズ夫妻が定義した意味での「エモーショノロジー」であった。もし、エモーショノロジーが近代の中流階級を対象とした作法書にしか見当たらないのであれば、そうした作法書が出現する一八世紀以前には、エモーショノロジー、すなわち感情表現の規範は、存在しなかったことになる。それは余りにも視野の狭い考え方である。ローゼンワインは、近代よりはるか以前からエモーショノロジーは存在すると考えている。三つめの障害は、レディの感情体制という考え方である。ローゼンワインは、エリートや政治権力の重要性を認める一方で、一見主導権を奪われた制度の下でも、そこで人々が考案した多様な感情上の解決策に、より大きな関心を抱いている。そして最後に、ローゼンワインは、感情を虚飾や儀礼として扱う行為遂行論には納得しなかった。以下で論じるように、二〇〇二年の時と比べて行為遂行論のアプローチは、今ではより包括的なものになっている。当時、このアプローチを用いたのは、中世の支配者の感情を対象とする研究にほぼ限定されていた。しかし、ローゼンワインの考えでは、感情は非言語的な政治的コミュニケーションの形態をはるかに超えたものであった。

ローゼンワインはその後の研究において、感情史を解き明かすために、感情の共同体の可能性を探求した。その過程で、ローゼンワインは自身が考案した定式の一部を捨てた。隣人関係や教区教会を感情の共同体の一例としてではなく、共有された空間として扱うようになり、そこで特定の集団の特徴が露わになると考えるようになった。ある共同体出身の人々は、別の共同体出身の人々と親睦を深めることがあったかもしれない。しかし、結局のところ、振る舞い、態度、感じ方は、自身が属する共同体によって形成されたのである。例えば、一五世紀のこと、イングランドのパストン村にいた感情をあまり表に出さない一族から、ある者がブルゴーニュの活気の溢れた宮廷を訪れ、その場に興じた。しかし、この者が、そのとても異なる感情の共同体の構成員になったというわけではない[27]。

ローゼンワインは、認知科学者や社会構築論者の感情理論から影響を受けた。しかし、そうした理論の基底にあるのが、単一の社会という考え方である限り、ローゼンワインは認知科学者や社会構築論者と袂を分かち、あらゆる社会に存在する多様性を強調する。複数の感情の共同体のあいだにある相違点と類似点を理解するため、ローゼンワインはスターンズ夫妻やレディよりもはるかに、感情語とその変遷に取り組んだ。ローゼンワインによれば、人々が単一の感情を表現するのは稀であり、むしろ、感情は連鎖して表れる。人々は感じ、言葉にし、怒り、そして悲しみ、それから恥じ入り、もしかしたら、最後に寛大になることもあるだろう。スターンズ夫妻の研究課題は、主に恐怖や怒りといった「基本感情」の基準の変化であった。対照的に、レディはエモーティヴを非常に柔軟なものと考えているため、個々の感情にはほとんど取り組まずに、むしろ「感情的」もしくは「非感情的」というカテゴリーの問題に取り組んだ。ローゼンワインは、感じ方の仕組みを言葉とその用法から明らかにしようとした。ローゼンワインが言うように、「基本感情はそれに名前が与えられるまで不完全であるため、人々が自分たちの感情を理解し、表現し、まさに「感じる」、その仕方において、感情を表現する語彙はきわめて重要なのである」。心理学的構築主義の理論によれば、脳内回路は、それを取り巻く感情語と、それらの連関によってある程度形成されるという。ローゼンワインの研究は、この理論と一致する。確かに、感情は身振り手振り、赤面、涙、表情などによって表現される。しかし、結局のところ、歴史家がこれらの動作を知るのは、一次史料の文献にある言葉からなのである。[28]

トマス・ディクソンが詳細に論じたとおり、「感情」という言葉でさえ、それを自明のものとみなすべきではない。非西洋圏の社会では、私たち西洋人が意味する感情にそのまま相当する言葉は存在しない。私たちのあいだでさえ、（第1章で論じたように）感情の意味について常に意見が一致しているわけではない。しかし、この点は西洋の伝統では、そこまで問題にはならない。すでに古代ギリシアには、怒り、恐れなど、今日の用法での感情と結びついた多くの用語を包括する用語（*pathe*）が存在した。この用語は、ローマ帝国の最盛期にラテン語に翻訳され、そのラテン語の語彙が、新たな意味や評価と混合し、何度も修正されながら中世およびそれ以降のヨーロッパの社会と言語に受け継がれたのである。[29]

ローゼンワインは感情史をテーマにはじめて書いた、『中世初期の感情の共同体』という本の中で基本感情説を退け、まず古代に用いられた感情の「語彙」を取り上げた。[30] 紀元前一世紀、キケロは『トゥスクルム荘対談集』において、感情に対するストア派の見方を、数多くの例とともに説明した。

ローゼンワインはこの議論を探求し、もちろん不完全なものではあるが、ラテン語の感情語のリストを作成した。ローゼンワインは、新たな価値の体系に取り組んだキリスト教思想家が、いかにキケロの用語の重要性を変化させ、さらに一部の用語を放棄し、それとは別の新たな用語を追加したのかを解き明かした。次の著書『感情の諸世代』では、ローゼンワインは心臓、心、霊と結びついた言葉を探すことにより、感情語を発見することができるかもしれないと提起した。もちろん、それは、その共同体がそのような場所に感情を位置づけていたかどうかによるのだが。

『中世初期の感情の共同体』は、様々なアプローチをとった。最初の章は、トリーア、クレルモン、ヴィエンヌという三つのガリア都市の、六世紀から七世紀の墓碑銘を論じた。これらの碑文は、一般的な形式に則ったものだったが、ローゼンワインによれば、むしろそうしたごくありふれたところにこそ、人々が予測し、価値を置いた感情が露わになるのである。さらに、ローゼンワインが発見したように、碑銘の一般的表現は都市により異なり、地域差が存在した。トリーアの一般的な碑文は、とくに家族への愛情を表した。「七年と［不明］月と一〇日の歳月を生きた［不明］アラブリア、彼の娘、誰よりも可愛らしい子、ここに安らかに眠る」。しかし、クレルモンでは対照的に、「可愛らしい」子どもに言及した碑銘は存在しない(31)。

墓碑銘は悼むという感情しか明らかにしないが、同書は他の章において、より一般的な感情の予測、価値評価、および表現方法を探求している。ローマ教皇グレゴリウス一世（六〇四年没）を扱った章では、グレゴリウスの考えが聴衆の共感を呼んだという想定の下、ある男性の文書を探求した。この手法は、スターンズ夫妻やレディの手法とは、とても異なったものである。また、心理史家のものとも異なる。ローゼンワインは、グレゴリウスが属した感情の共同体に関心があったのである。ローゼンワインによれば、グレゴリウスの言葉は彼が呼びかけた集団の見識や価値観を表現していた。その後の章では、多様な史料が用いられ、グレゴリウスの時代とその少し後の時代における、複数の異なる感情の共同体が論じられた。結果として、六世紀から七世紀にかけて多様な共同体が存在し、その大部分は共存していたという見通しが得られた。

確かに、六世紀から七世紀という時代設定は、とても限定的なものである。しかし、『中世初期の感情の共同体』は、中世の人々が一般的に最も野蛮な時代だったと考えられているその初期においてさえ、子どものようでも、衝動的に生きていたわけでもないことを示した。しかし、このことは、中世から近代までをカバーするエリアスの大きなテーゼには関わらない。同書は、変化の問題についてもそれほど扱っていない。これらの問題は、ローゼンワインの『感情の諸世代』(二〇一六年)で取り上げられた。この本では、七世紀から一七世紀と非常に長大な時間的枠組みが設定されている。しかし、議論のテーマは的確に絞り込まれている。どの章も時代区分を幅広く設定し、ローゼンワインは二、三の感情の共同体を論じる。共同体は長期間存続するが、変化を被る。新たな共同体の芽が出ることもあれば、内部に下位の共同体が生じることもある。例えば、一七世紀イングランドの政治的急進派、レヴェラーズの場合、彼らはピューリタンから分離して下位の共同体を形成した。レヴェラーズは、国教会に属さないほぼ独立した非国教系教派において自ら表現してきた感情を組み替えた。独立派が一様に求めていたような、信仰の自由を求めるというよりも、レヴェラーズは「神が我々に与えられた、この国を自由に、そして幸福にする機会」のために運動したのである(32)。レヴェラーズの語彙では、自由と幸福はともに感情価を持つ語彙であった。（以下に見るように、その語彙の組み合わせがアメリカ独立宣言へと受け継がれたのは、決して偶然ではない。）新たな状況に適応するために変化した感情の共同体もあった。変化せずに、周縁化し、あるいは消滅してしまった共同体も、わずかにあった。ローゼンワインは、政体（body politic）内の感情の共同体を、人の生物学的身体における「遺伝子モザイク〔多様な遺伝子情報を持つ細胞群がモザイクのように混在するありよう〕」に関連させる。感情の共同体の圧倒的な多様性は、新たな状況下での新たな対応を可能とする。一方、そうは言っても、とりわけ感情の連鎖に見られるように、感情の共同体は既存の要素を用いる。例えば、一五世紀の神秘主義者マージェリ・ケンプが表現した感情は、一七世紀のピューリタンが表現した感情と相似しているだけでなく、両者は似たような秩序に従っているのである。

ローゼンワインは、これらのことすべてに鑑み、前近代から初期近代にかけて「文明化の過程」と呼びうる大きな変化は起きなかったという結論に至った。新たな状況において既存の要素が再編されたり、組み替えられたり、再結合されたりしただけである。そのうえで、既存の要素は再考されたのである。『感情の諸世代』は、感情の共同体に関する四つの章のあいだに、当該時代区分における主要な感情理論についての五つの章を差し挟んだ。このことは大きな変化を意味する。ローゼンワインは、現代科学思想が自身のアプローチに及ぼす影響を否定しようとするのではない。現代理論が歴史的情況性の産物であり、今後数十年のあいだに洗練され、あるいは否定されさえすることを認識しているのである。ローゼンワインの理解によれば、先行する感情理論もまた、その時代に同様に組み込まれている。感情理論が感情の共同体を形成し、感情の共同体が感情理論を形成したのである。

エモーショノロジーやエモーティヴのように、「感情の共同体」という考え方も、他の研究者に影響を与えた。現代アフリカの愛をテーマとする論集において、ジェニファー・コールとリン・M・トマスは、感情の共同体の多様性を強調し、「大きな物語」を避け、小さな「変容と変化の増幅」のうちに歴史を追った。同書の所収論文は、アフリカの男性、そしてとりわけ女性が、西洋におけるロマンチック・ラヴの概念をそのまま否定したり、受け入れたりするのではなく、それをいかに多様に活用して、創造的に使用したのかを明らかにした。マーサ・トムヘヴ・ブローヴェルトは、「女性が参加し、またそこから離脱した感情の共同体」という観点から、初期アメリカの若い女性の日記に関する研究をまとめた。ジョアンナ・マキューアンは、感情の共同体の規模が鍵になることを見つけた。一八世紀スコットランドの比較的規模の大きな感情の共同体では、嬰児殺しは強く非難されたが、それにもかかわらず、「共同体内におけるより小さな空間と個人間の交流に的を絞っていくと、個々人が自身の主体性を発揮し、どのような感情を示すかに関して意思決定するあり様が見えてくる」のである。したがって、「家族の一員が互いに感じる義理や感情的親近感は、より広い共同体の規範によって用意された「感情の規則」、もしくは感情のスクリプトを超越することが、しばしばあった」。マキューアンは、この論点をレディの「感情の避難所」の考え方と一致させた。一方、バーバラ・ニューマンは、「感情の共同体」を二つの方法で用いた。一つは、「テクストの共同体」とほぼ同じような意味においてであり、もう一つは、感情の価値基準や規範を共有する人々を描写するための用法としてである。最初にニューマンは、古代ローマの作家オウィディウスのテクストの伝統が、いかに中世において研究され磨き上げられ、匿名作家による一群の恋文における男性の感情の共同体を形成したのか、その一方でキリスト教のテクストの伝統がいかに女性の感情の共同体を形成したのかを論じた。次にニューマンは、「それぞれ出発点は異なるが、恋人は互いに愛称で呼び合い、親密さを示す癖を共有する、二人だけの私的な感情の共同体を形成した」と提起した。スティーヴン・マラニーは、エリザベス期の劇場を「情動の演習場の一種、すなわち、宗教改革後のイングランドの感情の共同体の特徴である、気持ちの不完全と不調和とを選定し、探求し、そして開拓する方向性をもった演劇を実体化したもの」と考えた(33)。

パフォーマンスとしての感情

劇場は「情動の演習場」であるという提起は、一九五〇年代に広まり始めた、他者と交流するとき、人は「演じる」という考え方を発展させたものである。一九五五年、J・L・オースティンは、「パフォーマティヴ」という言葉を生み出した。その後すぐに、社会学者アーヴィング・ゴフマンは、「パフォーマンス」に関する章を設けた研究書を著し、人が他者に自己をどのように提示するのかを論じた。クリフォード・ギアツのような人類学者たちもこの考え方を摂取した。ジュディス・バトラーのようなフェミニスト理論家たちは、人々は自分のジェンダーを演じているのだと主張した。歴史家もすぐにこのような展開に加わった。前述のとおり、レディもまた「行為遂行的発話」の用語に基づいて、自身の「エモーティヴ」論を構築したのである(34)。

ゲルト・アルトホフは、感情を見せることが、芝居や儀礼のような演技であると理解しようとした最初の歴史家の一人である。アルトホフがそのように考えた背景には、二つの研究動向があった。一つは、ドイツの歴史家のあいだで展開した近代国家の起源と意義をめぐる論争である。もう一つは、中世の詩歌における、涙、愛、喜びといった多くの感情に関する、文学研究者の研究である。この二つの潮流が、中世の宮廷という場所で出会ったのである。そこは王を中心に国家が形成された場であり、貴族が組織する文芸活動の中心でもあった。アルトホフが研究成果を発表し始めた頃、多くの歴史家は中世には国家など存在しなかったと断じていた。官僚制も、主権理論も、市民も存在しなかったというのである。権力を独占する実体さえ存在しなかった。忠義、保護、名誉、寵愛と不興といった個人間の結びつきと実践しか存在しなかったのである。それらはすべて、支配者のカリスマと個人崇拝によって支えられた。それらはまた、感情を公の場で表現することによって支えられていたのである。ホイジンガが、中世後期の「大袈裟な」涙や歓喜に着目し、それらを「子どものよう」であると判断したのは、このような文脈においてであった。ホイジンガの判断は、仮に中世に「国家」があったとしても、それは国家の萌芽のようなものだったという一般的な見解に合致していた。[35]しかし、アルトホフが気づいたように、文学研究者は宮廷詩歌の中に感情を見出し、重大な研究課題としてそれを探求していた。そこでアルトホフは、文学研究者を導き手として支配者が表現した感情を探求し、それによって中世における統治の問題を再検証することを提唱したのである。[36]

アルトホフは、一見恣意的で衝動的な感情の爆発が、実際には「ゲームの規則」に則っていると説いた。その「ゲームの規則」は、たとえそのように明記されていなくとも、よく理解されていたという。このアルトホフの方法は、新たな「中世の国制史へのアプローチ」をもたらした。中世の意思伝

図 3　サウルの怒り，ダビデの涙(1180 年頃，ウィンチェスター聖書)
中世イングランドの写本に描かれたこれらの場面は，ゲルト・アルトホフの主張を図解するものである．上段(左側のパネル)では，サウルは直立し，ペリシテ人と戦争をする際に何の感情も示していない．しかし中段では，サウルは憤慨している．ダビデに嫉妬するサウルは，ダビデに対して怒り，立腹していることを示している．その下に描かれているのは，ダビデ王に反乱を起こした息子のアブサロムが殺害される直前の場面である．最後に悲嘆にくれるダビデ王が描かれている．ダビデ王はマントの端をもちあげ，目を押し当てる．古典古代にはすでによく知られていた身振りによって，ダビデ王は自らの悲しみを演じて見せる．(©2017. Photo The Morgan Library & Museum/Art Resource, NY/Scala, Florence)

達は、文章や会話ではなく、むしろ、膝を折り忠義を示す、頭を垂れて祈る、挨拶と暇乞いをする儀礼などの表現行為を通して行なわれたと述べ、アルトホフは感情の「爆発」を政治的声明として解釈するよう唱えた（図3を参照）。感情の「爆発」は、洗練された形式に従い、文脈に応じて明確なメッセージを発した。事実上、感情を披露することは、聴衆にメッセージを伝える儀礼だったと言える。そのような「合図は誤解や驚きを予防した。それは国家による統治というものがなく人が武装した社会において、公事を執り行なう際に直ちに必要となる、安全のための手段だったのである」とアルトホフは説いた。中世にはたとえ「国家」が存在しなかったとしても、それに代わるかなり洗練された政治システムが存在していたという主張である。

具体例として、アルトホフは、一〇〇〇年にヒルデスハイムのベルンヴァルト司教とガンデルスハイムの修道女とのあいだで生じた感情的対立を考察した。ベルンヴァルト司教が、マインツ大司教の意に反し、ガンデルスハイムの新たな教会を聖別するよう主張した時、大司教側に立つ修道女たちは、それに抗議した。ベルンヴァルトの伝記作者によると、ミサにおいて、「修道女たちは怒って奉納物を放り投げた。信じられないほど凶暴であった。それから、司教を乱暴に罵った」。それに対して、司教は「深く驚き、苦痛から神に祈った善き羊飼いのように堪えきれぬ涙をたたえ、修道女たちの悪意ある凶暴を非難し」、ミサを続けた。しかし、アルトホフが指摘するように、ものを投げつけたり、罵ったり、涙を流したりすることは、衝動的な行動ではなかった。むしろ、そうした行動は、異議を示す合図としてよく認識されていた。修道女たちは、彼女たちの修道会に司教の権利が及ぶことに抗議したのである。翻って、司教の行動は「効果を狙った芝居の一部であった。「キリストを模倣すること」は、自身が真に指導者である証を見せつけるためだったのである」。

アルトホフは、公に披露される喜びや涙についても、同じように論じるべきだと考えた。神聖ローマ帝国の皇帝オットー三世は、ローマの反逆者との和平を望み、彼らを懐柔する言葉を用いた。「汝は余のローマ人ではないのか。汝のため、余は故郷と同族を去った。汝の愛のため、余は余のザクセンの民、ゲルマン諸族の民、そして余自身の血を捨てたのである」。これに耳を傾ける者たちは、「涙を流し、臣従を約束した」。その涙は、衝動的な感情の爆発を示すものではなく、和解の合図であった。[37] アルトホフは、史料は誇張していたとしても、もしくは「作り話」であったとしても、一つの事実が残ると主張する。それは、史料の書き手は、何かを書き残したということである。史料の語りは、「絶対的真実」を告げていないとしても、そこには迫真性がある。それは、歴史家がそのような記録を用いて、当該時期の感情規範を発見できる可能性を意味している。実際に、そうした記録は、たとえ作法書ではないとしても、エモーショノロジーのひな形を提供するものであった。

とはいえ、実際に、中世にも作法書は存在した。その中に、「君主の鏡」と呼ばれたものがある。これらの文章は、統治者に温和さと柔和さを披露するよう説いた。アルトホフは、そのような美徳がどのように演出されたのかに関心を抱き、その美徳が常に「敵対者が統治者に屈服し、許しを請う公開行事」によって構成されていたことを発見したのである。[38] 一方、作法書は統治者が怒りを披露することを賞賛しなかったものの、統治者が怒りを演じることもあった。アルトホフよりも前に、J・E・A・ジョリフは国王が怒りを演じることが、中世イングランドにおいて統治の一様式として常態化していたと論じた。アルトホフにとっては、物事はさらに複雑であった。というのも、理想の統治でさえ、「強い衝動と恐怖」が必要だったからである。しかし、王の怒りそのものに対するモラリストの態度は不変ではなく、それゆえ、怒れる王の表象もまた不変ではなかった。一二世紀(ちょうどジョリフが論じた時代)には、王の怒りは理論的に正当化された。王の「正当なる」怒りは、正義の一形態とみなされたのである。(39) 中世における感情の演出は、中世のモラリストの教えと合致し、巧みにコントロールされた。一言で言えば、それは「儀礼」であった。それゆえ、アルトホフのアプローチは、同じ頃進行していた中世の儀礼の研究の一部、例えば、ジェフリー・コジオルによる恩寵と恩赦を請う実践の考察と合致したのである。(40)

アルトホフは「パフォーマンス」論を活用し、感情を披露することには合理的な、そしてしばしば政治的な意義があることを示した。このことは多くの歴史家、とりわけ中世史家に影響を及ぼした。とくに、ブルゴーニュのいわゆる「劇場国家」を研究している者にとって、「パフォーマンス」論は有益だった。一世紀余の短命なブルゴーニュ公国(一三六四―一四八二年)は、フランス王家に連なる幾人かの公爵によって生み出されたものである。イングランドとフランスとのあいだの百年戦争による混乱に乗じて、これらの公爵は南北に広がり、異なる伝統と帰属を有する地域を含む、独立した政体《ポリティ》を築いた。そこで彼らは、入退場、行幸、戦争、和平、婚姻、晩餐、娯楽、そして感情の披露といった様々な儀礼を用いて、国を一つにまとめたのである。例えば、クラウス・オシェマの研究によれば、ブルゴーニュ公国における友愛と同盟は、感情が「演出」される事例、すなわち、感情の披露が「制度」となった事例である。この定式化は、友愛や同盟の感情的意味を否定するものではない。今日の婚姻契約への署名が、夫婦の愛を否定するわけではないのと同様である。過去の儀礼と現在の儀礼の違いは、身体の中心性にある。中世では、物質界の支配者は、感情的かつ政治的な表現の道具であった。ブルゴーニュ国家は数多くの文書を起草したものの、「この時代の和平の協定や条約を見ると驚くのは、愛情と友情が言及されていること、そして政治的指導者の身体が意識され、それが用いられたことである」とオシェマは言う[41]。

さらに近年では、ロラン・スマッグが、「ブルゴーニュ公の感情」のそのすべてを考察することによって、政治的な展望を切り開いた。スマッグによると、ブルゴーニュの史料には、二つの異なる感情の用い方が現れている。感じたことが適切に表現されると、それは、「暗黙の演技指導に従ったものとされ、［政治］権力の効力を精神的、道徳的に安定させた」という。不適切に表現されると、観察者は矢継ぎ早にそれとは正反対の方法で感情を表現することで、それが不適切であることを知らしめたという。不適切な表現もまた、観察者が道徳的判断を下す根拠となったのである。スマッグは、どの感情が大公にとって有利に働き、どの感情がそうでなかったのかを明らかにすることを提案した。そして最初に、身体、動作、そしてハビトゥス（ピエール・ブルデューによる用語で、その文化の内にある個人によって内面化され遂行される社会的実践のこと。ときに妨害されることもある。少なくとも型にとらわれずに即興的に遂行される）を取り上げ、続いてブルゴーニュ公の怒り、笑い、涕涙の披露を議論した[42]。

パフォーマンス論によるアプローチは、中世史に限定されるものではない。古代史においても、ギリシアやローマの弁論における感情が研究されてきた。近代以降についても、ドリス・ケルシュは、ルイ一四世の宮廷において表現された感情について有意義な研究を行なった。エリアスとレディが宮廷は感情を抑制する機関とみなしたが、ケルシュは、スペクタクル、宴席、庭園、娯楽といった、感情を生み出す多くの場を引用しながら、ルイ一四世の宮廷を「快の共同体（society）」と命名した。ルイ一四世の宮廷は、浸透力のある「上品な感情性」によって、言いかえれば、演劇だけでなく、人生という劇場にも通じる情念の美学によって、満ちていたという。[43]

パフォーマンス論によるアプローチは、人々が自分の披露した感情を実際は感じていなかったと否定するものでも、人々が感情を装う可能性を否定するものでもない。力点が置かれているのは、感情が他者に示される際の対外的な効果であり、その効果が、望まれたものか、忌避されたものかにかかわらず、感情を表出した自己をどのように規定するかである。簡潔に言えば、パフォーマンス論によるアプローチは、とりわけ身体に関係するのである。

アプローチを実践する――アメリカ合衆国独立宣言

これら四つの異なる感情史のアプローナが、同一のテクストに対してどのように作用するのかを問うことは、有益である。ここでは、その同一テクストを、独立宣言としよう。もちろん、私たちがこれから行なうのは推論であり、この特定のテクストに対してこれまでほとんど用いられることのなかった技法を試みるものである。しかし、この試みは各理論の可能性を簡潔に描写し、各理論の相違点と類似点とを浮き彫りにするという点で有用である。

独立宣言は、一七七六年、トマス・ジェファーソン（一八二六年没）が執筆した。もしかしたら、独立宣言は感情を議論するのに相応しいテクストとは思われないかもしれない。独立宣言は、それほど

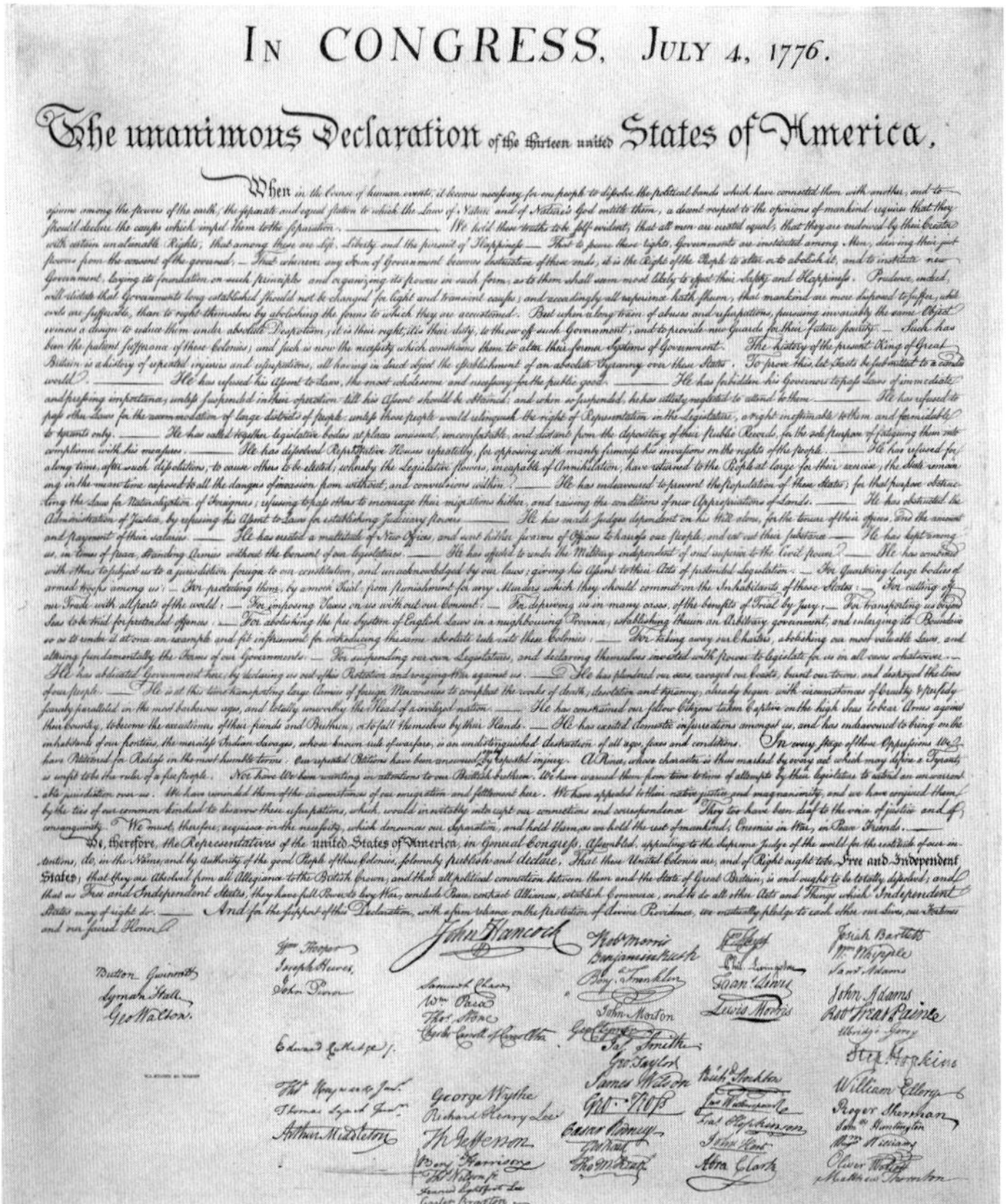
IN CONGRESS, JULY 4, 1776.

The unanimous Declaration of the thirteen united States of America,

図 4　独立宣言(1776 年7 月4 日)

この図版は，独立宣言の物理的な特徴をとてもよく示している．「コングレスにおいて(In CONGRESS)」という太字で始まる宣言は，歴代のイングランド王が発行した文書の容貌を想起させ，独立したばかりの合衆国の公的な地位を告げるものと言える．不正の数々が間隔をおいて列挙される．その間隔は，しっかりと刻み込まれた一筋の黒い線によって示される．筆記者と署名者が抱いた憤怒を示唆し，かれらに続いてこれを見るすべての者に憤慨を演じて見せる．(Wikipedia Commons)

「感情的」ではないという人もいるだろう。しかし、そうした反論は少なくとも次の三つの理由から、妥当性を欠いている。まず、最初から何が「感情的」であるかという予見をもって史料にあたることは、歴史研究の最善の方法とは言えない。次に、独立宣言に記された不平・不満の一覧こそ、まさに感情を表現し、惹起するものとも言える。そして第三に、独立宣言には今日一般的に感情と考えられている言葉が少なくとも一つ入っている。それは「幸福」である。

一三のアメリカ連合諸邦による全会一致の宣言　一七七六年七月四日

およそ人類の歴史において、ある国民が、それまで彼らを他の国民に結びつけていた政治的絆［きずな］を断ち切り、地上各国の間にあって、自然の法と自然の神の法とによって、本来当然に与えられるべき独立対等の地位を主張しなければならなくなる場合がある。そうした場合、人類の意見をしかるべく尊重しようとするならば、その国民が分離せざるをえなくなった理由を、公に表明することが必要であろう。

われわれは、次の真理は自明のものと信じている。すなわち、人はすべて平等に造られている。人はすべてその創造主によって、誰にも譲ることのできない一定の権利を与えられており、その権利の中には、生命、自由、そして幸福の追求が含まれている。これらの権利を確保するために、人びとの間に政府が設立されるのであって、政府の権力はそれに被治者が同意を与える時にのみ正当とされる。いかなる形体の政府であれ、こうした政府本来の目的を破棄するようになった場合には、人びとはそうした政府を改変あるいは廃止する権利を有している。そして、新しい政府を設立し、その政府によってたつ基礎を、またその政府権限の組織形体を、人びとの安全と幸福とにもっとも役立つと思われるものにする権利を有している。もとより、長く確立されてきた政府を一時的な理由により軽率に改変してはならないことは、まことに思慮分別の示すとおりである。事実、およそ人類の経験に照らすならば、人びとは長く順応してきた政府を廃止することによって権利を回復するよりは、その弊害が忍びえるものであるかぎりは、むしろそれに耐えようとする。しかし、権力の乱用と権利の侵害とが同じ目的の下に長年にわたり行われ、人びとを絶対的専制の下に置こうとする意図が明白な時には、そのような政府を倒し、人びとの将来の安全を保障する政府を設立することは、人びとの権利であり、また義務でもある。これら諸植民地が耐え忍んできたのは、まさにそうした事態であり、今や彼らは従前の統治形体を変革する必要を見るにいたったのである。グレイト・ブリテン現国王の歴史は、これらの諸邦〔諸植民地〕の上に絶対的な専制を樹立することを直接の目的として、〔植民地人に対し〕権利侵害と簒奪とを繰り返し行ってきた歴史に他ならない。このことを証明するために、公正な世界に向けて、いく多の事実をここに示したい。〔すなわち、〕

彼、国王は、公共の福祉のために有益かつ必要な法律の制定への裁可を拒んだ。

彼は、彼の裁可あるまではその執行を停止するという規定のない場合には、総督に命じて緊急の法律の制定すら禁じさせ、その規定があり執行が停止されている場合には、それを全く放置しておいた。

彼は、また［西部辺境の］広大な地域を人びとに利用させる法案を、その人びとが議会における代表権を放棄しないかぎり成立させないとしたが、代表権はその人びとにとっては不可欠なものであり、ただ暴君にとってのみ脅威となるものである。

彼は、いくつかの植民地議会を、常と異なり、公文書保管所から遠隔かつ不便な地に召集させたが、これはもっぱら議員を疲労させ、結局彼の方策に屈従させることを目的としたものである。

彼は、国王による人民の権利侵害に対し、雄々しくも抵抗した植民地議会代議院を繰り返し解散した。

彼は、そのように代議院を解散した後、選挙によって新しい代議院を成立させることを長期にわたり拒んだ。その結果、本来消滅すべくもない立法権は人民一般の手に復帰したままになり、その間その邦は外部からの侵入、内部における動乱という危険にさらされたままになっていたのである。

彼は、諸邦の人口が増加することを阻止しようとつとめた。その目的のために、外国人帰化法の施行を妨害し、さらに外国人のアメリカへの移住を奨励する立法の成立を拒み、土地を新たに取得する条件を厳しくした。

彼は、司法制度設立のための法律への裁可を拒み、司法権の執行を妨げた。

彼は、裁判官の任期およびその報酬の額と支払いとについて、裁判官をもっぱら彼の意思に依存させようとした。

彼は、数多くの官職を新しくつくり、多数の新任官吏を送り込み、われわれ植民地人を困却させ、その財産を消耗させた。
彼は、平時に、植民地議会の同意を得ることなく、われわれの間に常備軍を駐屯させた。
彼は、軍をして、文民の権力より独立させ、かつその優位に立たせようとした。
彼は、イギリス議会と結託して、われわれの憲法とは無縁であり、われわれの諸法律も認めていないイギリス議会の管轄下にわれわれを従属させ、以下のようなイギリス議会の越権の立法に裁可を与えた。［その立法とは、］
われわれの間に多数の軍隊を宿営［民宿］させ、
その軍隊が諸邦の住民を殺害した犯罪に対しても、偽装の裁判をもって、その刑罰を免れさせ、
われわれが世界各地と通商することを制限し、
われわれの同意なしに、われわれに税を課し、
多くの裁判において、われわれから陪審制度の特権を剝奪し、
根拠なき罪状により裁判するため、われわれを大西洋を越えて移送し、
われわれに隣接する植民地［クェベック］において、イギリス法の自由な制度を廃止し、そこに専断的な政府を樹立し、その境界を拡大し、もってそうした専制的な統治をこちらの諸植民地にも導入するための先例かつ格好の手段とし、
われわれの特許状を撤回し、われわれにとりきわめて重要な法律を廃止し、われわれの政府形体を基本的に変更し、

各植民地議会の活動を停止させ、いかなる事項についてもイギリス議会自体が植民地人のために立法する権限があると宣言した、〔ものである。〕

彼は、われわれ植民地人を国王の保護の外にあるものと宣言し、われわれに対し戦争をしかけることによって、植民地における統治を放棄した。

彼は、われわれの領海で略奪し、沿岸を荒廃させ、町々を焼却し、そして住民の生命を奪った。

彼は、現在大量の外国人傭兵部隊を輸送しつつあるが、それは、もっとも野蛮な時代にも見られない、およそ文明国の元首というには値しない残虐と背信の行動とをもって始めた殺戮、荒廃、専制の事業を、それらの部隊をもって完遂するがためである。

彼は、公海において捕虜となったわが同胞市民に対し、自国に対し武器をとることを強制し、その友人や同胞の処刑人となるか、逆に彼らによって殺害されることを強制した。

彼は、植民地内部に反乱を起こさせ、辺境の住民に対し、苛酷なインディアン蛮族を誘致したが、インディアンの戦法は、周知のように、年齢、性別、身分の別なく、相手方を殲滅するものである。

以上のような圧制の諸行為に対し、その度に、われわれはその匡正を、きわめて謙虚な言葉をもって請願してきた。しかし、われわれが繰り返し行った請願に対しては、ただ権利侵害の繰り返しをもって答えられたにすぎなかった。このように、いずれも暴君と規定される行為をその本性とする君主は、およそ自由な人民の統治者としての資格はない。

われわれはまた、イギリスの同胞に対しても配慮することに欠けることはなかった。われわれは、彼らに対して、彼らの議会がわれわれの上に不当な管轄権をおし及ぼそうと企てていることについて、しばしば警告してきた。われわれは、ここに移住し定住した事情について、彼らに想い起こさせてきた。われわれは、彼らの生来の正義観と寛大な精神とに訴えてきたし、また相互の結び付きと交流とを必ずや中断するようになる上述した侵害行為を否認するように、血縁の絆を通して懇願してきた。しかし、彼らイギリスの同胞も、この正義と血族の声に耳をかそうとはしなかった。この上は、われわれとしては、われわれの分離を宣言する必要性を認めざるをえず、彼らイギリスの同胞を人類の他の国民と同様に、戦時には敵、平時には友と見なさざるをえない。

以上の理由の故に、われわれアメリカ連合諸邦の代表は、全体会議に参集し、われわれの企図が誠実なものであることを、世界の最高審判者に訴え、これら諸植民地の善良なる人民の名と権威とにおいて、以下のごとく厳粛に公布し宣言するものである。すなわち、これら連合諸植民地は、それぞれ自由にして独立な国家であり、また権利として当然そうあるべきである。これら諸邦はイギリス国王への忠誠から一切解除され、これら諸邦とグレイト・ブリテン国との間の政治的結び付きはすべて、現に解消され、また完全に解消されるべきものである。諸邦は、自由にして独立な国家として、戦争を遂行し、講和を締結し、同盟を結び、通商を行い、その他およそ独立国家として当然行いえる一切の行為また事業をなす完全な権限をもつものである。ここに、われわれは、神の摂理の加護を堅く信じ、われらが生命、われらが財産、われらが神聖な名誉にかけて、この宣言を支持することを、相互に誓うものである。

〔荒このみ編『史料で読むアメリカ文化史』第二巻、東京大学出版会、二〇〇五年、三八―四三頁より。〕

〔訳文中の［　］内は、原訳者（斎藤眞）による挿入文。〕

エモーショノロジー

エモーショノロジーは、基本感情とそれに関する規範の変化を強調する。したがって、エモーショノロジーのアプローチは、独立宣言が作成された頃までに、アメリカ植民地の人々が、幸福についてどのような基準を身につけていたのかを問うことになる。幸福の基準が公共政策、そして独立宣言に反映されたと考えるのは理にかなっている。当時は、中流階級向けの作法書など存在しなかった。というよりも、その時代には、中流階級と呼びうるものは、まだ形成されていなかった。しかし、「礼儀作法書」は存在していた。C・ダレット・ヘンプヒルによれば、ルネサンスにまで遡る礼儀作法書がエリートによって占有される時代は、一八世紀半ばには終わりを告げようとしていた。「富裕なアングロ・アメリカ人家庭からなる幅広い集団」を対象とした礼儀作法書が市場に登場したのである。これらの手引きが強調したのは、「身体と表情を操作すること」、とりわけ表情であった。そうすることで、「人は話しかけやすいように見え、恭しさと親しみやすさとのバランスをとることができる」と言われた。最もよく読まれた礼儀作法書は、チェスターフィールド卿の『息子への手紙』である。「チェスターフィールドは「ある程度真剣な……そして、礼儀として適切な快活さを表情」に出すよう勧めた」。女性向けの作法書もほぼ同じ内容である。女性の話し方、立ち居振る舞い、表情は「明朗快活でありつつ、男性が自分に畏怖を抱き、適切に振る舞うよう、ほどよく控えめであるべきとされた」[44]。

スターンズはこの点を指摘し、チェスターフィールドの作法書が独立宣言に対して持つ意味を考察した。

幸福に向けて前進することは、西洋文化における主要な変化であった。その変化は、新たな知的衝動から生じたとも言える。そこには、物質的進歩を大きな哲学的観点において受け入れたことも含まれる。しかし、幸福を希求することは、近代の最初の段階とも整合するものだった。それまで数世紀にわたり、人々は神の前でへりくだることを強いられ、やや憂鬱に見える方が好ましいと評価されてきた。それとは対照的に、新たな作法書は明朗快活であることは正しいだけでなく、社会的にも重要であると、繰り返し説いたのである。この考え方が瞬く間に広まり、成り上がりのアメリカ人は自分たちの革命的文書に幸福になる権利を書き込んだのである。

ここでスターンズは、幸福を評価することは、カルヴァン主義が重視する謹直で信仰深い表情を拒絶することと連動したと主張した。それはきわめて重要な転換点であった。近代とは、いわば蒸気機関で動く工場を礼賛すること、人間の才能を信じる啓蒙主義を信仰すること、立身出世を受け入れること、そして豊かさと心地よさを追求することであった。これらによって、明朗快活であることは、ただ社会に受け入れられるようになったばかりか、必要不可欠な美徳になったのである。スターンズによれば、〔一七九三年に〕黄熱がフィラデルフィアで流行した際、人々の反応は人間の原罪を嘆き悔やむことでも、悲嘆に暮れることでもなく、「励まし元気づけること」であった。この態度は、すでに独立宣言の中に明確に現れていたと言える⁽15⁾。

感情体制

レディのアプローチは、基本感情があると仮定するのでも、幸福のような特定の「感情語」を強調するのでもない。むしろ、レディが関心を持っているのは、ある状況において感情的な自己変容や自己探求が生じたり、生じなかったりする、そのありようである。したがって、文書そのものはそれほど重要ではない。エモーティヴと感情体制の観点からは、アメリカ独立革命がフランス革命のための予行演習だったと想像してみたくなるだろう。しかし、それはあまりにも安易である。ニコル・ユースタスが明らかにしたように、アメリカの革命派の執筆者はセンチメンタリズムによって鼓舞されたものの、アメリカではセンチメンタリズムは感情の避難所ではなかった。むしろアメリカでは逆に、センチメンタリズムこそが感情体制であった。センチメンタリズムは、現状を肯定するものだったのである。

ユースタスによれば、アメリカ植民地では感情は情操《フィーリング》とほぼ同様に、社会的地位の指標であった。植民地のエリート男性は、仕事仲間に話しかける時に親愛の情を示したが、その際用いられる語彙は、使用人や奴隷に対して使われる語彙とは全く異なっていた。エリート男性は怒っても、必ずそれを適度に抑制して表現した。地位の低い男性のみが、怒りに身を任せてしまうと考えられた。ニューイングランド植民地のエリートは、穏やかな情操を育んだ。それによって、イングランドのエリートと同じ位置に立つことができると考えられたのである。彼らからすれば、黒人奴隷、白人の貧民、女性といった他者の感情は、「不十分だったり、過剰だったり」したのである。

それでは、植民地における感情の避難所はどこにあったのだろうか。トマス・ペインは「情念に流されるのは、あらゆる人々にとって普遍的、すなわち、変えようのない必然であり、いっそう望ましいことであると主張した」。感情の避難所は、おそらくこのペインのような人々とともにあったのだろう。もしくは、一七六五年の印紙法会議の頃、植民地住民が採択した悲痛のレトリックの中に感情の避難所があったのかもしれない。ユースタスが明らかにしたように、「怒りに裏打ちされた悲痛は、国王への敬意を表しつつ抵抗を広め、かつ軟弱の汚名を回避することができた」。悼むことは「抵抗の一形態」となったのである[46]。その意味において、幸福は感情、当時の用語に倣えば「情念」であり、イギリス支配下において植民地人が感じた悲しみと拮抗するものだった。いずれにせよ、独立宣言は感情の避難所の勝利を告げた。とはいえ、自由平等という考え方は、白人男性にのみ当てはまるものであった。独立宣言に記された「幸福の追求」は、それを起草し、それに署名し、新たな体制を築くことになる男性に与えられた、また新たな特権であった。そのエリート主義の遺物は、今日も私たちとともにある。

感情の共同体

感情の共同体の観点から独立宣言を分析する場合、まず誰がその文書に署名したのかを確認しなければならない。次に、署名した男たち（ここで男と明示するのは署名したのが全員男性であるため）が残した文書を収集し、まとめたうえで、どのような感情がそこにあるのかを分析することである。「幸福」とは、署名者にとって何を意味したのだろうか。署名者はみな同一の共同体に属したのだろうか。もしくは、複数の共同体があったのだろうか。

この点に関して、ジャン・ルイスはジェファーソンの世界を探索し、的確な所見を述べている。一八世紀のヴァージニアでは、幸福とは独立した状態から生じる気持ちであった。ある若い男は、「もし私は独立していたら、幸福だったでしょう」と記している。それでは、独立とは正確には何を意味したのだろうか。ルイスによれば、幸福な男とは「他人とのしがらみ、とりわけ借金」がない男のことであった。幸福が公的な地位よりも、私的な充足感と関連づけられるようになったのは、一九世紀になってからのことである。このことに鑑みれば、独立宣言が喚起する「幸福」とは、独立しているという誇らしげな状態、すなわち「自由」の別の側面であった。そして、幸福の「追求」は「堅牢な精神と安定した礼儀作法」を強調した。それが「人生に幸福」をもたらすと考えられていた。[47]

これがある感情の共同体における、幸福の意味である。しかし、ヴァージニア植民地人のジェファーソンにとって幸福がこのような意味を持っていたとしても、フィラデルフィアの人々にとっては、かなり異なっていたかもしれない。独立宣言が署名されたフィラデルフィアでは、教育を受けた植民地人は、イングランドの詩人アレキサンダー・ポープが一七三二年から一七三八年にかけて著した『人間論』を読み込んでいた。そのポープは、ユースタスが示したように、「自己と社会とを同時に進歩させる」には、情念、つまり私たちが言うところの「感情」が不可欠であると説いていた。[48] 韻文による『人間論』を書いた時、ポープはすでにホメロスの翻訳者として有名であった。ギリシア語に卓越したポープは、アリストテレスの著作から、ユーダイモニア *eudaimonia*、すなわち、幸福と安寧が目的であり、人の目標であることをよく知っていた。それは、徳に合致するように行動することであった。アリストテレスによれば、この目標に向かうことは、快適な生活にとって必要と思われるあらゆるものに依拠していた。美、健康、富、権力である。これらのものは、あるところまでは人間の努力で得られたが、運にも左右された。幸福は「我々の目的であり目標である！」というポープの文章は、アリストテレスを適切に翻訳したものである(49)。フィル・ウィシントンが明らかにしたように、「幸福（happiness）」は「古ノルド語の幸運を意味する名詞 hap から派生し」、一五世紀半ばに英語に入ってきた(50)。その語は、ポープがユーダイモニアの訳語として用いるほど、ユーダイモニアと意味が近かった。

しかし、ポープはキリスト教の文脈においても幸福を用いている。キリスト教の文脈では、最善は現世にはない。したがって、ポープによれば、幸福は「常に永遠の憧れを刺激し、我らは幸福のために生に堪え、死に就く。常に我らの近くにあり、また遠くにある」。つまり、私たちは幸福に「憧れ」、幸福のために「死に就く」のである。独立宣言に署名した男たちの中には、ポープを思い浮かべた者がおそらくいただろう。そうだとすれば、これがその署名者が理解した幸福だったのかもしれない。また、ポープの言う幸福のもとには、「人はすべて平等に造られている」という文言があるとみなしたかもしれない。ポープの詩では、幸福は必ずしも身分の違いの存在を否定するものではない。なぜなら、「秩序は神の第一法則だ。それを明らかに悟るならば、人間に大小、貧富、賢愚のあるのは当然である」のだから。したがって、ポープにとっての幸福とは、個人の幸福というよりも、共同体全体の性質に関するものであった。「思いだすがよい。「宇宙の原理の働きは、部分的な法則によらず、一般的な法則による」ことを。我らが正しく幸福と呼ぶものは、一人の利益ではなく、全体の利益の中にあるのだ」とポープは書いた。一七七六年の時点でヴァージニアの人々とフィラデルフィアの人々、それぞれの感情の共同体において、幸福が最初に意味するものは、「快活」と同じではなかった。しかし、確かに、植民地人が印紙法の頃に育み始めた「悲痛のレトリック」とは、正反対のものだったと言えよう。

パフォーマティヴ

パフォーマティヴ論は、徹頭徹尾、身体とその振る舞いに関するものである。そのようなパフォーマティヴ論は、一体、文書に対してどのようにアプローチすることができるだろうか。その答えは、書かれたものもまた、身体、すなわち外形を持つということにある。書かれたものもまた、自らを披露する。独立宣言のまさにその「容貌」は、それがどれほど重要な文書かを示している(図4を参照)。それは大きく(二四インチ×三〇インチ)、また、いくつもの異なる書体を用いることで、自身の正当性を伝え、相異なる段落があることを示している。その構成は意図的なものであり、個々の項目は線で区切られている。それは羊皮紙に書かれているが、その羊皮紙は「とりわけ品質が良いということもなく、植民地で生産された平均的なもの」であった。一九二〇年代、独立宣言は議会図書館において、あたかも教会の祭壇画であるかのように直立させられて額に入れられ公開された。今日、独立宣言は国立公文書館の円形大広間の中で、密封した容器の中で保護され、合衆国憲法の隣に、粛然と鎮座している。エイブラハム・リンカンは、独立宣言の権威に訴え、奴隷制度を非難した。マーティン・ルーサー・キングもまた、独立宣言は「すべてのアメリカ人が相続すべき約束手形であり、……すべての人《メン》には、無論、白人《ホワイト・メン》だけでなく黒人《ブラック・メン》にも、誰にも譲渡しえない生命と自由および幸福を追求する権利が保障される」と訴えた。(51) アルトホフが論じた中世の国王たちのように、あるいは、ホックシールドが論じた女性客室乗務員と同じように、独立宣言もまた、言葉を発するように整えられたのである。

独立宣言は、それが生まれた同時代の歴史的文脈においても、実演するものであった。当時の人々は、グレイト・ブリテン王国の王令の知識を持っていただろう。王令と独立宣言は、同じ「容貌」をしていた。そのデザインの起源は、中世よりもさらに古く古代まで遡る。植民地人は、一二世紀まで遡る権利に関する言葉を知っていた。一二世紀には、教会法において、「自由の権利」、「選出する権力」が論じられ、自然権の考え方が創り出されたのである。アメリカ植民地に多大なる影響を残したジョン・ロック(一七〇四年没)の統治に関する著作は、人が平等であること、そして「生命、健康、自由、[および]所有物」、一言でまとめれば「諸権利」が貴重であることを論じている。植民地人を代理する国王文書は、しばしば「権利」に関する条項を含んだ。それは、植民地人が自ら起草した文書でも同様であった。(52)

独立宣言の言葉にも、パフォーマティヴな効果があった。言葉が新たな独立した国家を誕生させ、それに関与した人物を明記したのである。さらに、その名前は個人の署名という形をとっている。したがって、独立宣言は法的効力を帯び、署名者の将来の行動に義務を課した。同時に、独立宣言は過去の行動を呼び起こす。ペンをとり、おそらく一瞬のためらいの後に署名した人物が実在した。あるいは、ジョン・ハンコックのように、堂々と大袈裟に署名した人物も実在した。モノとしての独立宣言の外形には、私たちが独立宣言を読む度にそうした場面を想起させる力がある。このパフォーマティヴな文脈においてこそ、幸福の追求を読み解かなければならない。国王の不正についての条項は、国王の行為が違法だと宣言する度に、まさにこの幸福の追求を実演するのである。

したがって、演じることとは、感情的であるというより、政治的であるように見えるかもしれない。それは、文書が自らその正当性を主張するからである。しかし、アルトホフの議論を思い返せば、感情とは結局のところコミュニケーションの様態であった。すなわち、ジェスチャーというかたちをとった政治的な発言である。独立宣言も署名者たちにとって、同じようなものだったのだろうか。一七七六年七月一日、ジェファーソンはフィラデルフィアからウィリアム・フレミング(前ヴァージニア総督)に宛てた手紙の中で、自身の不安を綴っている。ジェファーソンは、自宅から三〇〇マイル離れた場所にいた。

そのため自身の身を守れる可能性もないまま、暗殺の危険にさらされている。私の場合には、そのようなことが身に降りかかることはないと信じたいが、それでも不安を拭えない。もし私について疑惑が生じたとしても、私の国にはつい先日私が指示されて起草した「宣言」というかたちの、私の政治的信条が残される。それこそ、私自身の感覚が、彼らの指示により我々が下した評決と一致していることを示す、力強い証拠である。(53)

したがって、ジェファーソンにとって、独立宣言は自分と「自分の国」とが一蓮托生であることを示すジェスチャーであった。同じ頃、もう一人の署名者、ジョン・アダムズもサミュエル・チェイス（メリーランドの代表者）に宛てた手紙の中で、同じように不安を述べている。

私はこの独立宣言によって、この国が災禍を免れるとは考えておりません。もし、私がそのように期待を抱いているとお考えでしたら、それは全くの誤解です。私たちは流血を強いる戦いに耐えなければなりません。……。私はグレイト・ブリテンから分離すれば、幸せで穏やかな日々が来ると信じているわけではありません。私がそのように信じているとお考えでしたら、それも全くの誤解です。

アダムズは「自由の価値は、貧困、不和、戦争の惨状を補って余りある」と考え、自己を強く保った。[54]ここでは、独立宣言は優先順位を文書に示すという機能を果たしたが、それは安易な気持ちになることを、完全には認めなかったのである。

差　異

感情史のこれらのアプローチは、異なる結果をもたらす。それらを「ブリコラージュ」のように、ひとまとめにしようとする研究者が間違いなくいるだろう。しかし、その前に、いくつかの注意事項がある。これらのアプローチがそれぞれ異なるのには、それだけの理由がある。四つのアプローチは、互いに相容れないということはないが、理論的根拠が相異なるため、少なくとも、相互補完的であるとは言えない。

エモーショノロジーの関心は、何よりも近代性にある。そのため、スターンズは近代の諸概念、諸感情、そして感情語に最初に着目する。それらに対する態度がどのように変化してきたのかをスターンズが考察するのは、今日の世界における、個人の生活と社会秩序を理解しようとするからである。レディがより関心を向けるのは、人が置かれた状況――私たちはエモーティヴとともに生まれる(したがって、私たちは変化を強いられる)一方で、感情体制とともに生きるよう定められている(したがって、私たちは順応を強いられる)――である。この枠組みによって、レディは西洋社会とその感情に関わる慣例を批判することができる。しかし、同時に、この枠組みによって、感情体制と感情の避難所が一つひとつ交代していくことにより、慣例が必然的に変化することを認識できるようになる。ローゼンワインは、スターンズ、レディのいずれとも対照的に、多様性を重視している。彼女は、特定の集団を分析することで、より大きな全体について最も重要な知見が得られると想定する、ミクロストリアの手法をとる。そして、人は生まれながらにして、基本的に自分が心地よく感じる感情の共同体に属するか、そうでなければ、そうした共同体を作り出したり、見出したりすると考えている。同じ時に多くの相異なる感情の共同体が存在するというのが、ローゼンワインの主張である。パフォーマティヴ論は、まず身体に着目し、身体の所作や身体が表現するものを論じる。パフォーマティヴ論にとって、人が感情をありのままに感じたかどうかは、主要な問題ではない。世界は舞台であるという点が、重要なのである。

四つのアプローチは、感情理論の評価の点でも異なっている。スターンズは、現代の基本感情説を受容し、過去の感情理論はエモーショノロジーの操作を補助するとみなしている。感情理論は作法書の中に入り込み、感情表現を操作して人々を誘導すると考えている。レディの場合、現代科学理論の一部は、エモーティヴの考え方を提起したが、彼の科学理論の理解は彼独自のものである。レディは、過去の理論に特別関心があるわけではない。ローゼンワインにとっては、現代の理論も過去の理論も重要である。現代の理論は、感情を表す語彙が鍵になるという彼女の考えを支えるものである。過去の理論は、まさにその語彙を解き明かす手がかりとなる。アルトホフは感情理論に関心はない。むしろ、コミュニケーションの様態が、アルトホフにとっては重要なのである。

四つのアプローチは、さらに感情の変化に関しても、それぞれ異なる見通しをもっている。エモーショノロジーのアプローチでは、怒り、恐れ、愛といった感情のカテゴリーは不変であり、それを取り巻く規範が絶えず変化することになる。一方、エモーティヴのアプローチにとっては、感情が絶えず変容するという見方になる。感情を抑えることは、感情から自由を奪うことと同義である。ローゼンワインによる感情の共同体のアプローチでは、感情はそこまで不安定なものではない。共同体は、それぞれ感情の語彙を有しており、それは一定期間大きく変化することはない。通常、その語彙は、多かれ少なかれ同時期に存在する他の共同体にも共有されている。例えば、ともに自由という理念に思いを巡らせたピューリタンとレヴェラーズは、互いを理解していた。しかし、そうであっても、自由を構成するものは何かについて意見の一致を見なかった。パフォーマティヴ論では、感情には固定された意味があると考えられる。なぜなら、感情の機能は、公衆の集団としての大きさにかかわらず、その公衆に向かって理解可能な特定のメッセージを発することだからである。

最後に、「感情の管理」についても、四つのアプローチのあいだには違いがある。エモーティヴのアプローチは、人は感情を「適切に」管理することを欲するが、新たなエモーショノロジーが完全に受容され履行されるのには、一世代は時間が必要であると仮定する。レディから見れば、エモーティヴの存在によって、あらゆる感情の操作は労苦を伴い、「努力の領域」が生み出される。感情体制がこの労苦を強いるのは、政治的、社会的安定の維持にそれが必要だからである。ローゼンワインは、西洋の感情理論が感情の管理を強調するものであることを認める。しかし、まさに感情の共同体が多種多様であることは、選択肢が複数あることを意味している。したがって、ローゼンワインが言うように、「感情の共同体は、感情を操作しようと足掻いているようには見えない。……さらに、感情に関わる規範や価値観を享受しているように見える(55)」。パフォーマティヴ論では、感情の操作という労苦は、より大きな政治的、社会的実践のシステムを構成する規則や社会的要請への順応を意味する。

スターンズ、レディ、ローゼンワイン、そしてアルトホフを除けば、いずれかのアプローチに無条件に結びつけられる歴史家は、ほとんどいない。多くの歴史家は、実際には、一見これらの方法論のどれにも関係しない側面や論点について、研究をしている。しかし、感情史における最近の研究の大半は、とりわけ身体を重視する点で、互いによく似ていると言える。これらの研究がどのように身体と感情を理解しようとしているのかが、次の第3章のテーマである。

3

身 体

あらゆる生物において私たちが部分と呼ぶものは全体から分離することができず、それゆえ全体において、全体とともにのみ理解されるだろう。

ゲーテ「スピノザに基づく研究」(一七八五年ごろ)

二一世紀初頭以来、感情史家たちは第1・2章で検討した「基礎的アプローチ」を様々な新しい関心と結びつけるようになった。一見共通点がないように見えるテーマを架橋するのは、身体である。とはいえ歴史家は、身体を非常に異なる二つの見方で見ている。一方においては、身体は境界で区切られ、自律的で、感情的に意味のあることはなんであれ身体の内部で生じる。感情は生理学的なものであり、脳、内臓、心臓と結びついている。もう一方では、身体は透過性をもち、環境と溶け合っていると考える。空間や建築、周囲に存在するものによって定義されるのであり、事実上、物質世界の一部をなす。しかしこうした見立てはいくぶん人工的で、身体が完全に自律的なものだとか、完璧に浸透可能なものだとかと主張する思想家はほとんどいない。実際のところ、これから見ていくように、実践理論《プラクティス・セオリー》も情動理論《アフェクト・セオリー》も、二つの種類の身体にある程度またがっている。

身体に対するこれらの異なったアプローチに途方に暮れた気分になったなら、これは何も新しいことではないという事実が読者を力づけるに違いない。すでに一九九五年にキャロライン・バイナムは、最近の身体に関する議論は「相互に共通する基準をほとんどまったく持たない――それにしばしば、ディシプリンを超えた相互理解もない」と不満をもらしていた。彼女は身体が基本的に「自然的」（生理学的アプローチ）または「文化的」（社会構築主義的な見方）のどちらかであるような学術的な研究を指してこう述べる。近年の感情史は、この対立を和解させることができているだろうか。感情に焦点を当てることは、より完全でニュアンスに富む身体の歴史を書くことに役立つだろうか。身体をめぐる最新の諸研究を精査すると、いかに医学、苦しみ、痛み、ジェンダーなどがいまも歴史家たちを引きつけているかが明らかになった。[1] しかし感情的身体への新たな注目は、どのようにこれらの論点を再構築するだろうか。

境界づけられた身体

一九七四年にジャック・ル・ゴフとピエール・ノラが「歴史の新たな方向性」を呼びかけるマニフェストを編集した時、身体に関する唯一の章の副題は「歴史における病人」であった。実際、身体への関心――主に自律的な「科学的身体」への――は、まずもって医学史、衛生史の歴史家たちによって進められた。感情はまだ焦点ではなかったが、その章は（簡潔にではあるが）、身体は欲望と痛み――すなわち感情の場所であると、指摘していた。この影響力のある本が出版されたのに続いて、身体に関する歴史研究は病気や苦痛に関心を向けるようになった。[2]

当初、ジェンダーとセクシュアリティはどちらも、境界づけられ、医学の対象とされた身体の問題として扱われた。例えばダニエル・ジャカールとクロード・トマセは中世のセクシュアリティと医学を研究し、トマス・ラカーは生殖の解剖学と生理学の発展をたどって、古代ギリシアからフロイトまでのセックスの歴史を語った。ミシェル・フーコーでさえ――身体を単なる「生理過程と新陳代謝の場」あるいは「微生物とウイルスとの攻撃目標」と見なすことを批判していたにもかかわらず――「医学が性の快楽の問題を提出する」文脈を理解するために医学的知識の歴史に拠った。[3]

感情とジェンダーの歴史家たちも、初めのうちはジェンダーを男性器と女性器の問題と見なすような物理的な定義を受け入れていた。しかし、社会的パフォーマンスとしてのジェンダーという観念が定着するとそれは変化した。フーコー的な社会構築主義的観念に続いて、ピーター・ブラウンとキャロライン・ウォーカー・バイナムのような歴史家たちが、周囲の環境に左右される身体の概念を使用するようになった。ブラウンは、初期キリスト教における禁欲者の身体が、あらゆる性的活動の生涯にわたる拒否を高く評価した社会的・宗教的集団によって形成されるのを研究した。バイナムのほうは、中世後期ヨーロッパにおける女性の恍惚とした、飢えた身体を研究し、彼女たちの敬虔さと、仲間のキリスト教徒たちの宗教的感性の性質の双方を明らかにした。禁欲と飢えは、見方によっては、「身体の実践」である。マルセル・モースの「身体技法」――様々な社会がそこに生きる人々に「身体の使用」を教える異なったやり方――を思い起こさせるこうした実践は、感情の歴史家たちに、ここで私たちが「実践された身体」と呼んでいるものを詳しく調べようという気にさせた。感情史家たちは身体はどのように動き、それらの動きはどのように感情を表現しまた感情を生み出すのかという論点に目を向けるようになり、身体と世界がともに相互作用するやり方を重視するようになった。こうして私たちは、透過性のある身体という観念に接近する。(4)

生理学的身体

一九九〇年代にはすでに、感情と医学の接続が実り豊かな研究分野として生まれていた。歴史家オトニエル・ドゥロール（内科医としての訓練も受けていた）はこの頃、新しい、研究室での実験を基礎とする感情科学が、一九世紀末から二〇世紀初頭にかけて誕生したと書いている。その時代、生理学者や心理学者、医学の専門家たちが身体を——精神とも魂とも無関係な——感情への鍵と見なすようになった。彼らは、恐怖や笑い、驚きを分離して探究できるのは生理学的なテストだと考え、代謝率、血圧、体熱の調整、心拍、腸の収縮など身体の状態を記録して感情を測定する技術を発明した。ヴィクトリア期の科学者は感情を質的に評価したが、新しい時代の生理学者や心理学者、臨床医は、数字とグラフで表すことのできる客観的な測定にこだわった。彼らの定義する「通常」とは、社会的な文脈の中にあって習慣的な、感情を帯びた状態の身体ではなく、研究室の中の非感情的な身体であった。その身体とは透明で、患者が何を言い、意志し、知っているかにかかわらず、中立的な手段を通して研究者に「語りかける」ものであった。このような認識の意味するところは際限ない広がりを持った。嘘発見器のような機械が、真実に到達すると言われた。実際、むしろそのような機械だけが、真実の自己を探りあてることができると見なされたのである(5)。

ドゥロールは感情へのこの新しいアプローチの重要な側面を、フーコーの「試験」という概念に照らして再検討した。「試験は、個人を権力の成果および客体として構成する諸方式の中心に位置している」。フーコーにとって、フーコーは人をその身体から疎外する「医学的まなざし」について語った。パノプティコン——すべての囚人を常時一人の看守が一望することのできる一八世紀の「モデル」刑務所——を引用しながら、「可視性の領域を押しつけられ、その事態を承知する者は、みずから権力による強制に責任を持つ」とフーコーは断言した。言い換えると、主体は、まなざす者の目的と判断を受け入れることによって、みずからが操作されることを許している。フーコーにとってはまなざしが身体を規律化するのであった。しかしドゥロールの描く科学者たちにとって試験はその逆であった。まなざしは、なんらかの、コントロール不可能な感情の動きを惹起した。科学者たちはこのような感情のダイナミクスを「つかの間の「幽霊」の身体」の現れと考えながらも、それらを測定した。皮肉なことに、彼らが「真の」「通常の」身体と考えていたのは、「脱感情化された」「麻痺した」身体であった。(6)

ドゥロールが、ポスト・ヴィクトリア期の医師たちが血圧や体表温やホルモンなどを測って感情の性質を発見しようとすることで身体を感情化するさまを見たのに対して、フェイ・バウンド・アルベルティはより早い時期、つまり医師たちが身体をより全体論的に理論化しようとした時代に注目した。二〇〇六年に出版された論文集で、彼女と共著者たちは、一七・一八世紀に流布していた感情についての観念を調査した。臨床医学の誕生以前、医師が身体の感情とは「精神／身体／魂の関係」の中に絡み合っていると考えていたころである。ただこの視点が徐々に影響を失っていったことで、後の時代の科学が今日のように「脳と中枢神経システム」に焦点をあて、精神の現象としての感情の専門家として、精神科医、神経科学者、心理学者の誕生が可能になったのである。(7)

バウンド・アルベルティはこのテーマを、二〇一〇年の心臓に関する著作でも追求した。心臓は長らく、感情の座でありまさにその象徴と考えられてきた。心臓についてのこうした見方の精神的および文化的な起源を研究して、古代ギリシアにおけるその始まり、ガレノス(二一〇年没)の作品における結晶化、そして医学的訓練の中でそれが千年以上も維持されていることを跡づけた。心臓は精神／身体／魂の関係のまさに中心であり、「魂の作用に影響され」、また翻って精神と身体に影響を与える。

心臓が「単なるポンプ」という新しいアイデンティティを一七世紀に獲得した時でさえ、医師たちは「身体そして精神に深刻な構造的変化を引き起こす可能性のある」感情を生み出す上で心臓が果たす重要な役割を強調し続けた。バウンド・アルベルティは、「狭心症」という心臓病は一八世紀末に新たに「発見された」と考えている。今日アメリカ心臓協会はこの病気にきわめて単純な機械的説明を与えている。「心筋が必要な血液を得ることができないときに発生する……〔通常〕一本ないし複数の心臓の動脈が狭窄あるいは閉塞されることによる」。しかし狭心症が最初に定義された時、それは「構造的疾患であるのと同程度に感情的苦悩の産物である」と考えられた。このことは、外科医で解剖学者のジョン・ハンターが一七九三年に狭心症で死亡した時、彼の同僚たちがなぜ肉体的要素にくわえて彼の「激しやすさ」のせいにしたかを説明している。ハンターの時代には、「心臓はなお、身体の器官であると同時に感情の器官であった。……精神と身体はつながっていた。それは、感覚と共感をめぐる様々な学説と観念を通じて個々の経験を統合した神経生理学によって可能になった場所であった」(8)。

一九世紀以降、科学思想において、心臓は感情の座を脳に譲った。しかしその過程で、心臓の「文化的な人為物としての地位」(とバウンド・アルベルティが呼ぶところのもの)は、「逆説的にもより感情的になった。ロマン主義のプロジェクトにとって感じる心臓は決定的に重要であり、創造性と神的なものの証明であった」。近代科学の共同体が心臓について語ることと、今日においても精神と身体の合一を認めるよう私たちに促す埋め込まれた文化的伝統との西洋的切断に、バウンド・アルベルティは批判的だ。科学者はたいてい、ポンプと恋人を結び合わせるのに失敗してきた。とはいえ、ごく最近になって、医師は彼らの探求にちょっとした「ロマンス」をつけたすようになってきたとバウンド・アルベルティは指摘する。「細胞の記憶」や、心臓の中の、「脳に存在するものに似た」「神経とシナプス」の小道に関する新しい研究を彼女は挙げる。心臓に関する彼女の著書が発表されて以降、最近では科学者たちはますます悲嘆とストレスが心筋症を引き起こすと議論している。バウンド・アルベルティは内臓から皮膚まで全身を検討した最新の著作では、過去においてもまた現在でも、人間生理学のあらゆる要素がいかに「私たちの感情と私たちの合理的欲求」の双方に関わってきたかを論じている。(9)

エレナ・キャレーラは「一二〇〇―一七〇〇年にヨーロッパで流布していた医学的助言の文脈における、感情に関する規範的および記述的議論」についての研究で同様の主題を取り上げた。感情の歴史についてのローゼンワインとレディの初期の著作とのあいだに残された時間的な空白を埋めようと、キャレーラはローゼンワインの「感情の共同体」観念の狭さを批判して、より広い、包括的な見方が必要だと強く主張した。キャレーラの狙いは、「広範な文化的言説を横断して、身体と精神の相互作用および身体に埋め込まれた目的をもった複合物としての魂についての諸観念の連続性を示す」ことであった。こうして、様々な共同体で使われる言葉や語彙集の変化に反映された感情の文化的特殊性を認めつつも、キャレーラは、健康や幸福といった、長期的目標と文化横断的な価値観と結びついた感情が長く生き続けることを強調した。そのような共通性は根強く生き続けることから、キャレーラはローゼンワインが構想したよりももっとずっと広い範囲の、より長期にわたる感情の共同体の存在を主張したのであった。実にキャレーラは、そのような感情の共同体はむしろ「超歴史的なイデオロギー集団」と名づけたほうがよいとさえ示唆した[10]。

しかし幸福という観念は、キャレーラが想像するほど持続しうるものだったのだろうか。今日でこそ幸福は痛みや苦しみの対義語だが、常にそうであったわけではない。とりわけ西洋のキリスト教信仰における痛みの意味を明らかにしてきた研究者たちは、むしろ痛みが良き生を構成するものとして歓迎されてきたことを発見した。キリスト教の言説は、痛みや苦しみを望ましいものとしてきた。それらがキリストの身体の嘆きを想起させ、模倣させるからである。このような知見の含意はまだ語り尽くされていない。すでに二〇〇五年に、『身体の歴史』全三巻への寄稿でジャック・ジェリスはこう指摘している。「苦悩の人キリストが受けたあらゆる試練を通過することによってキリストの身体になること、それこそが最も高い希望であった」。ジェリスはルネサンスから啓蒙までの時間的スパンについて語っていた。ヤン・フランス・ファン・ディクイゼンとカール・A・E・エネンケルは、より長く一三〇〇年から一七〇〇年までを扱う論文集の中で、一層強調している。彼らの言葉を借りるなら、この時代は、「神学的な痛みの競争ともいうべきものを目撃していた」。プロテスタンティズムが人間の救済における痛みの有用性を拒否する一方で、反宗教改革は「中世後期のカトリシズムをも特徴づけていた肉体の痛みの教化を加速させた[11]」。

ファン・ディクイゼンとエネンケルの論集の刊行から二年後、エスター・コーエンの『調整された叫び』は、様々な知的共同体（法思想家、医学者、神学者）がこぞって痛みを好意的に評価した中世後期を検討している。神秘主義者や悔悟者はキリストを模して苦痛を求めたし、中世の裁判官は苦痛と拷問を真実を引き出すための本質的な道具と見なしていた。医者は痛みを軽減するどころか、病気の患部や原因をつきとめるために痛みにたよっていた。キリスト教自体が、地獄の苦痛を神の計画の一部と理解していた。一四・一五世紀に、人々は痛みに声を与えた。彼らは叫ぶことを期待され、実際にそうした[12]。

西洋中世全体にわたる感情に関する最近の著作でダミアン・ボケとピロシュカ・ナジは、痛み――そして、より正確にはキリストの苦痛する身体――を変わりゆく感情の風景の中の安定要素とみなす。彼らの本は「感情のキリスト教化」に始まり、ジャン・ルクレールがいみじくも「神への希求」と名づけたものを制度化した修道院共同体に続く。修道士たちは正しい感情を、正しいやり方で、正しい目的のために実践した。まもなく修道院は他の一般の社会に開かれ、「キリスト教社会」を創出した。そこへ時代とともに、一二世紀の隠修士たちや、ドイツ皇帝の取り巻きの廷臣聖職者たちなど、活発になった新興の宗教集団の感情や価値観が染み込んでいったことを著者たちは示した。世俗の貴族や王子、市民と、祈りや神学、医学の専門家のあいだでの一種の掛け合いが、豊かな感情の可能性を広げた。同書では、感情は、ときに標準として、ときに感情体制あるいは感情の共同体の要素として、しばしばパフォーマティヴとして、扱われる。ボケとナジにとっては、どんな時も、キリストの痛みと愛の新しい解釈が中世の感情を形作っていた[13]。

キリスト教の伝統は、痛みを肉体的であり、文化的でもあるものとした。こうした統合は今日では珍しいが、ファン・ディクイゼンとエネンケルの論文集は、近世においては、厳密にキリスト教的な伝統の外でもごく普通のことであったと主張する。例えばマイケル・ショーンフェルドは、「この時代のストア派哲学の圧倒的な魅力の大部分は、肉体と感情に襲いかかる避けがたい苦しみに対処する

ための哲学的戦略を提供してくれることに由来していた」と主張する。痛みとその解釈はともに歩んだのである。(14)

文化史家のジョアンナ・バークはこれを一般的な公理とした。彼女の言うように、「身体は決して純粋な細胞体ではない。社会的・認知的・隠喩的世界において形成されるのである」。彼女は痛みを「出来事の型」として、「世界における存在の仕方」として概念化することによって、心身二元論を迂回する道を見出す。そのような痛みの出来事の意味は、歴史的に変化した。「誕生のその瞬間から、幼児は痛みの文化へと誘われる。この幼児が一七六〇年代に、自分の内的身体と外的世界との接点から生じる認知的・情動的・感覚的意味について学んだことは、一九六〇年代の幼児が学んだこととはだいぶ異なっていた」。幼児が学んだことは、しばしば政治的であった。学びは、両親であれ支配者であれ、権力を持つ者によって決定されるからである。バークによれば、様々な痛みの名称でさえ、権力の行使を暴露している。例えば、今日「飢え」は「ひどい苦痛を感じていること」より深刻さの度合いが低く、共感を呼び起こさず、お金も社会的組織化も招かない。(15)

ハビエル・モスコソも、痛みの経験——生理学的痛みとその主観的表現——がこの五世紀のあいだにとった文化的形態を追跡した。身体と結びついた他の多くのアプローチがそうであるように、モスコソのそれもパフォーマティヴである。彼は「痛みは社会的ドラマの形態の下に存在する」と主張する。モスコソはまさに「平凡なもの」(「表現」「模倣」「共感」のような)の装いを持ったこの劇場性を通じて、痛みの「間主観的」現実を分析しようとする。「間主観的」という言葉で彼が意味するのは、私たちの経験——それらの感覚的・感情的連想に沿った、過去と現在——が、いかなる瞬間にも溶け込んでいる、そのさまである。痛みの経験が「文化的に意味のあるものになってゆく」可能性は、「それが模倣される、あるいは表象されるかどうかにかかっている」。要するに、痛みは——エレイン・スカリーが一九八五年に考えたように——言語化に抵抗するが、様々な解釈のモード、平凡ではあるが、「説得力のある」モードを、常に歓迎しているのである(16)。

痛みを明確に感情と結びつけたロブ・ボディス編の論集では、痛みは一種のエモーティヴのようである。痛みの身体的経験は「言葉に、不機嫌な顔つきに、芸術に、翻訳される……私たちは文字通り、私たちが感じるものを「形にして理解する」のだ」。エモーティヴは感情を表出する者を変容させるが、それと同じく聴衆をも変化させる。ボディスにとって、痛みと感情は全く同じものである。どちらも身体によって感じられた「気持ち」であり、発声へと「翻訳」される。ここでは痛みの声なき本質というスカリーの観念はすっかり姿を消し、痛みの領域は「手術室あるいは診察室から待合室まで、誕生の瞬間からその予期・予後まで」拡大し、「悲嘆、不安、憂鬱、ヒステリー、神経質、絶望、その他の「精神疾患」[がそこには含まれる]」。ボディスは感情に痛みをともなわせたアリストテレスを修正して、痛みに感情をともなわせた。「肉体的な痛みは、なんらかの他の情動的構成要素(快楽、歓喜、忘我も含めて)……がなければ、意味をなさない」。したがって当然にも、痛みはあらゆる感情体制の一部である。「誰の痛みが真正であるかという問題は、権力の問題である」。実に、医師たちは彼らが痛みについて問うた問いを再考するべきである。痛みには政治的役割が「常に存在し、それは常に誰かの不利益である」からである。「幻肢痛《ファントム・ペイン》」がよい例だ。医者が説明できないものを、痛むにもかかわらず、「幽霊《ファントム》」と呼んでいるのである。「感情の支配」同様、「痛みの支配」は感情的苦痛を

——つまりは痛みを、生み出すのだ[17]！

ジェンダー化された身体

境界づけられた自律的身体が異なった性的器官によって定義されるなら、身体は男女のジェンダーへと帰着する。そして実際にも、ジェンダーをめぐる最初期の研究は、肉体的な差異をなんの疑いもない所与のものとして受けとめていた。一九六〇―七〇年代の女性運動の副産物として、ジェンダー・スタディーズは感情史が離陸する以前に始まった。その最初の段階では、歴史における女性の存在に注意が向けられた。それ以前には、歴史家は男性や男性の活動、あるいは、アナール学派のように、主として男性が行なうさまざまな種類の事柄の基礎になる社会的、経済的、政治的、地理的構造に焦点を当てていた。女性に焦点を絞った最初期の研究は、女性の芸術家、女性の聖人、女王、女性のノーベル賞受賞者を褒め称えた——つまり「偉大な女性」史観であった。あるいは名前のない女性たちが過去において果たした様々な役割——機織り、糸紡ぎ、ビール醸造や工場労働——について考察した。これらの研究は、政治と権力両方についてはびこっていたきわめて狭い定義に挑戦したのだった[18]。

その間、心理学者も、女性に目を向けることで男性主体への執着から抜け出そうとしていた。一九七〇年代、アメリカ心理学会は女性心理学部会を設立した。同じ頃この分野の先駆者であるステファニー・シールズが、「精神分析理論に先立って存在した女性の心理学」についての研究を執筆した。シールズが指摘するように、この心理学はダーウィニズムモデルに由来し、「気質の生物学的な基礎」、とりわけ「生来のもの」とされた「母性本能」を強調していた[19]。しかしシールズは一九六〇年以降彼女の時代までになされた研究については批判的検討を行なわなかった。もしそうしていれば、一九六〇年から一九七五年のあいだに発表された女性と感情を扱った一二三九の論文のうち、実に一二二五本(すなわち八九パーセント)が鬱の感情を扱っていることに気づいただろう。くわえてそれらの研究は圧倒的に「女性」の問題、すなわち生殖に関連することを取り上げていた。人工妊娠中絶が不安と鬱を生じさせる。産婦人科手術が鬱、不安、性欲の減退を導く。閉経前に鬱、悲嘆、辛さ、無感動がやってくる、といった具合だ[20]。

これらは、「女性」を、ひいては「男性」を、固定されたカテゴリーとして理解する、「本質主義的な」研究であった。一九七〇年代に執筆していた歴史家たちも、その仮定を直接的には疑問視しなかった。しかし、歴史家は生殖あるいはその他の苦悩以上のものを探求することに関心を持ち、過去における「女性的」感情生活が今日のそれとは異なっている可能性を否定しなかった。だから、キャロル・スミス＝ローゼンバーグは一九世紀アメリカにおける女性たちの関係について書いた時、女性たちが交わした情熱的で愛情のこもった手紙と日記を、「アブノーマル」あるいは「ホモセクシュアル」ではなく、同性間の愛を歓迎し尊重する社会の重要な一部と解釈したのだった。彼女が研究対象とした女性たちは男性と結婚し、子どもを持ち、別々に暮らしていた。しかし彼女たちの相互の愛情は、衰えることなく続いた。ある女性は「ダーリン、あなたに会うときをどんなに心待ちにしているでしょう」と、今日では私たちは性愛と結びつけている表現を使って親友に宛てて書いた。スミス＝ローゼンバーグは、「総体としては家族内、社会内で、厳格なジェンダー役割の区別があった」ことを認めつつ、女性間の恋愛感情は重要な社会的機能を持っていたのではないかと示唆している。「女性と男性の感情的隔離」が、女性たちを日常的に、しかもしばしば、引き合わせることになったと彼女は特記している。女性たちは助け合い、慰め合い、交わった。このような近さが、憤りや、依存や搾取といった歓迎されざる気持ちに結実することもあっただろう。対照的に、愛情は、この懇親を、歓迎すべきもの——実のところ望ましいものにした。同じようにシャロン・マーカスは、ヴィクトリア期イングランドの検討を通じてだが、他の女性たちとの親密な友情やエロティックな絆、家庭生活を幸せに享受する女性たちが間違いなく存在したことを発見した。[21]

同性間の友情はかつて、感情史においては活発な主題であった(しいまもそうである)。それはたいてい、同性愛の問題とつながっている。ジョン・ボズウェルは、彼が「中世の異性愛結婚に明らかに相当する同性婚の儀式」と呼んだものに男性たちを結び合わせる儀礼を発見した時、これらの儀式を同性愛の証拠とは認めなかった。むしろ、「異性間の行為や関係性と、同性間の行為や関係性」の差異は、「結婚というものが当初成立した社会においては、ほぼ認識されていなかった」と考えた。C・スティーブン・ジェイガーは、中世においては男性間の愛は最もエロティックな、しかしセックスとは何の関わりもない言葉で表されていた——そしてそれらはすべて、気高い徳とかかわっていたと主張した。アラン・ブレイはボズウェルの議論を敷衍し、親戚関係と絡み合った同性同士の友情の歴史を西洋キリスト教の長い歴史を通じて辿った。ブレイは核家族——母、父、子——の重要性を下げる一方、「(結婚と同様に)儀礼や約束によって形成される、他の種類の親戚関係」があったことを裏づけた。[22]

このような議論は、明示的ではないにせよ、家族を自然の制度ではなく社会的に構築されたものと考えさせるようになった。一九八〇年代には、ジェンダーそれ自体が社会的に構築されたものだという観念が――デイヴィッド・グリーンバーグの『同性愛の構築』、ジョーン・スコットの「分析カテゴリーとしてのジェンダー」についての論文、ジュディス・バトラーの『ジェンダー・トラブル』によって――流行した。この観念は歴史家だけの領分ではなかった。社会心理学者アグネータ・フィッシャーは「女性が感情的であるというステレオタイプ的な見方」を暴露した。二〇〇〇年に発表された論文において、ステファニー・シールズは「感情は……基本的には社会的プロセスであると見なされるようになった。……私自身の仕事では、女性性と男性性の概念にとって、そしてジェンダー的にコード化された振る舞いの獲得と実践にとって、感情がどのように評価され、言語がどれだけ中心的な役割を果たすかを検討している」と記している。ペネロープ・グークとヘレン・ヒルズが二〇〇五年に編んだ論集で編者たちはこう尋ねている。「誰の身体が、感情やその規制、管理との関係で議論されているのだろうか」。答えは、白人の、エリートの男性の身体、である。ニコル・ユースタスのように、著者たちは、社会的卓越の創出と維持において感情がもった重要な役割について語った。「低社会層、女性、非白人の人々は、様々な理由から、感情を従属させ管理下におく能力が低い」とみなされている」。ジェンダー化された感情についての仮定が階級と地位をも支えているのである(23)。

歴史家キャロライン・バイナムは、西洋的伝統の核心に「身体を軽蔑し」、「身体を自然と女性的なものと同一視する」二元論があると主張する歴史に対して、西洋の内部にはいくつかの互いに衝突する伝統があり、その多くはステレオタイプとは一致しないと指摘して反駁した。クリスティン・バターズビーは啓蒙の哲学者デイヴィッド・ヒューム（一七七六年没）を例に挙げる。ヒュームは、理性を感情から分離し、前者を男性に、後者を女性に結びつけるのではなく、ある種の情熱を、「理性的」人間に完全に不可欠のものと考えた(24)。

実際、男性性をめぐる最近の研究は、近代的ステレオタイプを直接的に否定している。ゲルト・アルトホフはヒルデスハイムの司教の公の場での涙に注意するよう呼びかけ、ピロシュカ・ナジは西洋中世の大部分において、泣くことは道徳的な浄化を示す徳の高い行為と理解され、しばしば神の贈り物であると考えられたことを見出した。ルース・メイゾ・カラスは騎士道モデルがどのように涙を流す騎士を包摂していったかを示した。自制に関する新しい、より厳密にストア派的な観念が普及した一七世紀においてさえ、ガレノスの医学理論のある版では、健康によい「下剤」として、涙の代わりになるものが議論され、エリートのサークルの中には洗練の証として涙を鍛錬するものもあった。しかし総体としては、バーナード・キャップが示すように、（少なくとも）一七世紀のイングランドにおいては、「男性の涙は当惑すべき自制の欠如を表していた」。しかし一八世紀になると、感受性の文化は激烈な感情を再び舞台の中心へと押し出した――その立役者は『感傷の人』（ヘンリー・マッケンジー作、一七七一年刊。一八世紀後半にイギリスで流行した感傷小説の一つ）であった。少なくとも、女性も舞台に登場し始めるまでは、そうした状況であった。約一世紀後、第一次世界大戦中には、気持ちをためらうことなく表現する兵士たちが現れ、男性性のより感情的な解釈が再来するかに見えた。しかし戦間期に権威主義的イデオロギーが確立され、感情的男性の理想は次第に消えていった(25)。

二項対立――理性的男性 vs. 感情的女性――が最高潮に達した時、それはどのように機能したのだろうか。スーザン・ブルームホールが編んだ論文集は、「特定の感情的状態への諸感情の構造化と、ジェンダーイデオロギーの押しつけ」を、「権力の作用」と見ている。「感情の構造化」は常にジェンダーイデオロギーの押しつけに結びつけられるのだろうか。ブルームホールが一文で両者を同格に並べたのは、そうであることを示唆している。そうであるならば、ブルームホールは社会学者が分離させてきたものを連結させようとしていた。事実、社会学者のダグラス・シュロックとブライアン・クノップは、この分離を克服しようと願い、二〇一四年に次のように記している。「現在ではジェンダーと感情の両方を扱う仕事は増えているが、二〇〇〇年以来、ジェンダーあるいは感情について発表された論文のうちのたったの三パーセントである」。彼らはジェンダーを「不平等の一形態」と呼び、それが創り出され維持される三つのやり方を取り上げている。社会化、親密な関係、組織の三通りである。不平等は早くも幼少期の社会化から始まる。このとき若者は、男性的アイデンティティと女性的アイデンティティを強化する感情を使い、期待することを学ぶ。恥といった感情は、ドレスを着てみようとすることから少年たちを遠ざけるために用いられた。怒りの感情は少年に、恐怖は少女に付与された。これが「ジェンダー化された気持ちのルール」であり、これは女の子のためのピンクの、男の子のためのブルーの寝室といった社会化に顕著に現れた。親密な関係においては――家族の構成員のあいだで――女性たちは感情の交渉の取りまとめ役と見なされた。彼女らは結局のところ、「感情労働」のほとんどをこなすことになった。組織においては、女性と男性を異なった労働に分離することは、様々なジェンダー化された感情的仮定によって支えられていた。さらに人種と階級が、これらすべてのことを複雑にした。[26]

これまで子どもの社会化に関しては、男児、女児ともに多くの歴史研究があり、それらのいくつかは感情に焦点を当てていた。スーザン・ブルームホールとその論文集の著者たちにとって、感情はジェンダーの構築を助けるだけでなく、覇権的集団に権力を握る手段を提供する。例えば著者の一人、ステファニー・タービンは、近世のイングランドにおいて、少年も少女も両親や他の権威を恐れることを期待されたことを発見した。しかしその恐怖は、少年にはいくらか加減された。少年の「元気」を窒息させないようにである。他方少女は、完璧に抑えこまれるべき存在であった。タービンは裁判記録から、少女は少年よりしばしば、強制結婚や性暴力など恐ろしい経験に従わせられたことを発見している。しかし、同論文集の別の著者、アンネマリーケ・ウィレムセンは、オランダやその近隣地域の中世後期から近世の学校は、少年にも少女にも教育を施していたことを見出した。少年たちはおおむねより上の教育を受けにいったが、児童は男女とも小学校に行った。そこでは、教室は分けられていたものの、少年も少女も同じルーティンに従い、無作法をすれば同じ罰を受けた。少女のためのカリキュラムは「たいていの科目で少年用のそれと重なっていた」。主たる違いは、少女たちは針仕事と簿記を学び、「「女性らしい」徳と振る舞い」を教えられたことである。したがって、グローバルな一般化は不可能である(27)。

親密な関係については、多くの歴史家が、ローレンス・ストーンの近世の、愛情がなく「薄情」ですらある家族という叙述の提起した挑戦に応じた。ストーンによれば貴族およびジェントリの家族は、財産を長男に承継させるために組織された。しかし、これがジェンダー化された感情をともなっていたかどうかは明らかではない。社会層の下端では、子どもは両性とも「無視され、残虐に扱われ、殺されてしまうことさえあった。大人たちの多くは、お互いに猜疑心と敵愾心を抱いて、相手と接していた」。歴史家は懸命にストーンを否定し、近世の家庭の中にあった愛情を明らかにしようとした。ジェンダー化された感情を検討した者もいた。例えばエムリン・アイゼナハの、この時期のヴェローナの家族に関する研究は、いくつかの事例において、父親と娘が愛情に基づく強い絆を持ち、他の事例においては「配偶者間の愛情の観念のほうが目立った」ことを示唆している(28)。

シュロックとクノップの研究課題は、親密な関係から「組織」へと、言いかえるなら家族とは別の制度へと移行した。これらは確実に、歴史的にジェンダー役割を形成した。フランチェスコ会には修道士も修道女もいたけれども、修道士は街の通りを歩き回り、説教し、生計を立てるために物乞いをしたが、修道女は修道院の壁の中に閉じ込められ、異なる規則に従っていた。彼らの感情もまた、異なることが求められただろうか。実際に感情は異なっていたのだろうか。ピロシュカ・ナジとダミアン・ボケは、このような問いの研究の先頭にいる。「神秘主義的感情の征服」について語るとき、彼らはこの種の感情性はしばしば敬虔な女性――公の場に現れ、大声で喚き、感情を露わにする――に結びつけられたが、実際には男性にも取り入れられ、実践されていたと論じた。女性たちは絶えず泣き、神聖化された聖体以外のものを口にせず、教会では恍惚状態に入った。隠遁者、リミニのキアラはキリストの鞭打ちにならって自らを鞭打たせるため、二人の兵士を雇った。しかし、こうした感情的な鋭敏さや振る舞いは、「周縁的でただ女性にのみ関わる」ことではなかった。それらは、教会がキリストの顕現――人の肉体への――を新たに強調するようになるにつれて、広がった。ボケとナジによれば、そのような感受性を、鞭打ち行者(男性も女性も)のあいだにも、聖フランチェスコによって実践され感取された苦行――と絶えざる歓喜――にも、また、胸、心臓の真上にキリストのイニシャルを刻んだヘンリー・スソのような男たちの情動的禁欲主義においても、見て取ることができる。にもかかわらず男性の役割は異なっており、したがってある程度まで、感情も異なっていた。男性は女性の生を書き記す者であり、それをモデルとして提示し、それらの生がどのように解釈されるべきかを管理する者でもあった(29)。

しかしその管理は全面的なものではなかった。ジェンダーはときに、今日と同様、自己発見の媒体にもなるからだ。トランスジェンダー、マルチジェンダー、エイジェンダー(自分自身が特定のジェンダーに属すると考えない)の人々は、新しいアイデンティティを主張し、それをもって権力――すなわち覇権的な規範――に反抗し、(可能なら)逃れることによって応答する、新しい種類のコミュニティを創造している。彼らはジェンダー史家たちが従来関心をもってきた「男性」と「女性」のカテゴリーをくつがえす。歴史家たちはジェンダーを一種のパフォーマンスと呼び、それによって生物学的な身体から逃れてきたが、二つの、いずれにせよ性的に傾向づけられたジェンダーについて研究してきた。これからは、他のジェンダーの可能性、あるいは全くジェンダーがない可能性も考慮しなければならない。すでに心理学者は非女性/非男性的な感情生活とはどのように構築されてきたか(いまも構築され続けているか)を問い始めており、エイジェンダーとして自己を認識する際に特定の感情が関わっていると考えている。例えばダグラス・シュロックらは、今日のトランスジェンダーの支援団体において表現され、望まれている固有の感情を調査した。ステファニー・バッジらは、驚き、プライド、幸福などトランスジェンダー男性(女性器をもって生まれたが自身を男性と認識する人々)のあいだで肯定的に受けとめられる感情のテーマを考察した。バッジらは、対人関係における肯定的な相互作用が肯定的な感情を促進すると結論づけ、ジェンダーの構築にはセラピストや他の人々による感情の肯定が必要だと暗に示唆している(30)。

ジェンダーの変容とアイデンティティが歴史的に様々な形態をとったことは、多くの歴史家が認めるところである。キャロライン・バイナムの先駆的論文「母としてのイエス」は多くの後続の研究に道を指し示した。バイナムは一二世紀に広がっていた、女性としてのイエスと神のイメージを取り上げ、「胸、養育、子宮、受胎、結合としての結婚」を新たに強調する意味を探究した。聖ベルナルドゥスのような男たちは、自分たちを母と呼んだ。「母がひとり子を愛するように、私はあなたを愛した」と、彼はリエーティのボールドウィン大修道院長に書き送った。バイナムはベルナルドゥスがこう書いた時、両義的なジェンダーアイデンティティを帯びていたとはっきりとは言っていないが(そうした観念は現在のものだと先に彼女は書いている)、彼女の研究はその方向性に沿った結論を暗示している。最近ではキャサリン・リングローズが、ビザンツ帝国の宮廷に宦官がいることは「ビザンツ社会が厳密な二元的ジェンダー構造に執着していなかった」ことを意味すると主張した。八世紀から一二世紀にかけて宦官は相当な権威をもっていたが、その前にも後にも(すなわち彼らがたいていは軽蔑されていた時には)、「第三の性」とカテゴライズされていた。これは第三のジェンダーと完全に同じではなく、むしろ反自然的な存在を意味していた――ときに不完全なものと考えられ、ときに天使と同種のものと見られた(31)。

この研究は感情をほとんど考慮してこなかったが、ミーガン・マクラフリンは一一・一二世紀の改革期における教会のメタファーに関する議論においてこれを取り上げた。そのころ、教会の女性へのジェンダー化（伝統的な意見および、教会を意味するラテン語エックレーシア ecclesia の文法上の性からの自然な派生）が、例外的な感情的共鳴を帯びた。「彼女」（つまり教会）は傷つきやすい女性で、老いてしわのある女性や若くて美しい女性など姿は変化したものの、いずれの場合も彼女を守り助ける男性聖職者に依存していた。彼女はまた彼らの「母」であり、聖職者たちは彼女に愛と感謝を返さねばならない一方で、彼女に自分たちへの愛と配慮を求めた。しかしこれらの役割は「社会的現実」のそれを強く反映していたため、聖職者の感情は、現実には母親からほとんど独立していた実際の息子たちの感情によって屈折させられた。つまり、家族生活においても宗教生活においても、「母と子の絆は名誉と同時に苦悶を生じさせうる」のであった[32]。

「実践された」身体

ジェンダー研究が、ジェンダーは社会的にも生物学的にも構築されるということを徐々にしか受け入れなかった一方で、身体の実践に関する研究ははじめから、文化を考慮に入れていた。感情についてのパフォーマティヴな視点に依拠して、そのパフォーマンスにおける物理的身体それ自体の役割を強調したのである。すでに一九八九年に、フランスの文化理論家ミシェル・フェアは――身体の歴史についてのエッセイの概要の序文で――感情は「それを生産する儀式に内在する」と指摘した。吟遊詩人たちが貴婦人に表現する「愛」を「内側」（気持ち）から「外側」（身振り）への翻訳とみなし、「それは愛を伝えることが人工的であるということではない。しかし愛の伝達は、ある設定、つまりスタイル化された動きとポーズの外には存在しないのである」[33]と指摘した。

モニク・シェーアはこの点を体系的に取り上げて――ブルデューの実践理論に拠りつつ――感情とはまずもって、身体の実践であると論じた。この理論的移行の重要性は、レディのエモーティヴと比較すると明らかである。レディにとっては、すでに見たように、感情とは「思考材料の活性化」であり、エモーティヴとは「活性化した思考材料に対して、説明を付与する効果と、自ら変化する効果」を持つ発話行為である。したがってレディの力点は、思考材料におかれる。これに対してシェーアの強調点は、舌、口、筋肉を行使して自己と他者の身体に力を及ぼす、動きと発声におかれる。実際、感情は「知覚した音、匂い、空間」を含む。感情は私たちが何かを感じるその都度新たに生まれるのではなく、私たちの身体の動作と感覚と結びつけられた、習慣や記憶と絡み合っている。どの感情も「身体とその機能を含まねばならない……身体は、習慣的な実践によって根底から形作られる生得および学習した能力の座であるからだ」。当然ながら、感情の歴史家は史料によって限定されるが、それは書かれたテクスト(常に最も重要であり続けるであろう)だけでなく、「画像、文学、楽譜、映画、あるいは家財道具」をも探求することを意味する。シェーアの見方では、言葉だけでは、せいぜいのところ、生きた感情の干からびた化石くらいにしかならない。シェーアは歴史家たちに、「もっと人々がなにをしているか考えること、それらの行為の固有の状況性について研究すること」を求める[34]。

シェーアの方法の一例は、肉屋でワイン醸造業者であったドイツ人クリストフ・ゴットロープ・ミュラー(一八五八年没)に従ったメソジストたちの宗教的実践に関する議論である。ミュラーはイングランドでしばらく過ごしたあいだにメソジストとなり、彼らの身体的実践――絶えず歌い、座り、立ち、跪く——を取り入れた。これらの行為は、彼らの激しく感情的な説教とともに特有の強い感情的傾倒をともなった。ミュラーはドイツに戻り、地元の敬虔主義を通じて形成されたこの種の「身体的知識」をすでに持っていた人々に、メソジストのスタイルを紹介した。メソジストの実践の形態——教会での集会で、告解者たちはむせび泣き、ため息をつき、うめき、床に倒れた——は、敬虔主義以上に敬虔であった。ミュラーはこれらの動きを習慣的なものにしようとした（図5を参照）。身体は感じていることを表現するのみならず、感情を創出し、さらに強化した[35]。

シェーアの「マルチメディア的」アプローチは、マックス・プランク研究所の彼女の同僚、マルグリット・ペルナウとイムケ・ラジャマーニによってさらに発展した。例えば彼らは「雨の中の愛」——ボリウッド映画『ヴィールとザーラー』のラストシーン——の感情的メッセージを研究した。

〔この映画は〕ドラマティックに終わる。人生のほとんどの時間を別れて過ごし、どちらも互いのために未来と現在を犠牲にしてきた主人公たちが、再会する。一連の曲が流れる中で、彼らはとうとう巡り会う。そこではミュージカルの身振りと組み合わされたイメージが、彼らの感情の強さを表している。しかし主人公たちは、そこで描かれている気持ちをどう解釈するかを指示するような言葉を、ただの一言も発しない。

研究者はどうやって、それがどんな気持ちであるかを知りうるのか。「このシーンは、言語にのみ注目する概念史にとっては失われてしまうだろう」。しかしメランコリックな音楽とヒンディー語の歌

図 5　メソジストの野営伝道集会(1829 年頃)

説教者が天に向かって身振りをしながら話している．男性たちと女性たち(男性以上にあからさまだ)が，両手を上げ，うめき，叫び，跪き，気を失って倒れている．犬もいて，匂いを嗅ぎあったりしている．男性たちと女性たちが噂話をしている．ラッパ吹きがラッパを吹いている．背景に見えるテントは，この 19 世紀初期のメソジストの野営集会の参加者たちが，数日滞在するのであろうことを示す．彼らは彼らの感情を「実践」している．(Library of Congress Prints and Photographs Division)

詞に耳を澄ませ、恋人たちの幸せな、涙に濡れた顔のクローズアップに目を向け、何よりもこの再会の時に降っていた雨の意味を考えなければならない。「モンスーン[は]エロティックな愛の季節であり、激しい雨[は]願望とその成就の徴である」。ペルナウとラジャマーニによれば、観客のまさに身体が、映画の中の感情を「複数の感覚器官の経験」を通して感じるのである。このアイディアは最近の映画理論に負っている。これは二つの身体——映画の身体と鑑賞者の身体——

の相互作用を想定し、さらに、ときには視覚の「触覚的」性質さえ強調することもある。すなわち、ラバニーの言によれば、「視聴者はスクリーン上のイメージの流れに、自らを肉体的に投棄する」のである。[36]

感情的実践に関するすべての議論がシェーアに始まったわけではない。例えば笑いは、身体に関心が向けられる以前から、歴史家の関心の的であった。心理学者にとって笑いは文化横断的、あるいは種を横断しさえする、普遍的なものである。ダーウィンは笑いとは喜びの特別な表現であると述べ、図1のような写真でそれを表した。フロイトは笑いを無意識の衝動に関連づけた。エクマンは、ダーウィンに続いて、大きな微笑みは幸福のシニフィアンであると考えた。したがって感情の歴史家にとっても笑いについて語るのは自然であったのだが、第2章で概観した初期のアプローチでは比較的目立たなかった。レディは笑いについて全く議論していない。ローゼンワインは笑いを「感情のマーカー」――気持ちを表す身体のサイン――としてのみ、取り上げた。アルトホフは笑いに関連する感情よりも、悲嘆や怒りの兆候に重きをおいた。

古典学者たちは、しかしながら、ある意味では聴き手の感情を引き出すためにデザインされた、修飾的な身振りに常に興味を持ってきた。したがって、笑いの歴史の最初の主要な研究の一つがギリシア古典の教授、スティーブン・ハリウェルによって書かれたのは驚くに値しない。彼は「[古代ギリシアの]文化的諸形態と価値観を広く探究することによって」笑いを理解しようとした。ハリウェルは、笑いは「きわめて本能的な身振りである」と認めつつ、にもかかわらずそれは「複雑な社会的効果をともなう意味深長なプロトコルと習慣とを生成する」ものと理解した。これらのプロトコルと習慣が彼の本の主題であり、実際それらは複雑だった。ギリシア世界は多くの異なった種類の笑いを識別し、それらを、一方では不道徳に結びつけ（プラトン）、他方では不死に結びつけた（神々の笑い）。そのあいだに、友情と恨み、賞賛と軽蔑、恥と名誉、その他無数の社会状況における、多様な笑いの使用があった。すべての笑いが身体的なものであったわけではない。その頃も、文字通り笑うことなく「誰かをそしり笑う」ことはできたし、天気が「微笑んでいる」と詩人が言うとき、笑いは穏やかさや魅力のメタファーとなった。しかし常にそうだったわけではなく、笑いが持つ多くの意義は、時とともに変化した。最近ではメアリー・ビアードが、古代ローマにおける「流動的で融通のきく文化的形態としての笑い」を取り上げた[37]。

中世史家は中世に、同様の多様性と変化を発見した。すでに一九九九年にジャック・ル・ゴフはたった一三頁の中で、笑いの用法や笑いに対する態度が非常に多様であることを示してみせた。このことはアルブレヒト・クラッセン編の記念碑的論集において再度指摘された。古代ギリシア人は笑いと微笑みを区別する言葉を持っていたが、ラテン語には長いあいだ、その両方を表すリースス risus の一語しかなかった。ようやく一二世紀になって、微笑みを表す新語、スブリースス subrisus が登場した。字義通りには、「抑え気味の笑い」あるいは「小さな笑い」を意味する。

一八世紀になると、ついに微笑みは本領を発揮した。コリン・ジョーンズはこれを「微笑みの革命」と呼び、フランス革命と結びつけている。それは、アンシャン・レジームに対する反乱の感情的支柱というレディの理解においてきわめて重要な役割を果たした、新しい「センチメンタリズム」の一部であった。新しいパリ市民の微笑みは、歯を抜くのではなく保存しようとする治療法の革新によっても煽られていた。またそれは、美、個性、アイデンティティについての新しい観念によって刺激された。しかし一八世紀における微笑みの新たな地位は、笑いにまでは拡張しなかった。笑いはもっとずっと、両義的な意味をもっていた。「笑いのマナー、その激しさは、この人間的振る舞いの原因とともに、上流階級が一般民衆の社会から自らを差異化するための、本質的な基準となっていた」。実際、今日では口を開けて微笑むことは幸福の目印であり、快活な親しみやすさの社会的な表れと考えられているが、ジョーンズは——感情史の三巻本の最初の巻の結論で——これがきわめて最近の「習慣的実践」であって、ラブレーの淫らな笑いとダ・ヴィンチの「モナリザ」の控えめな上向きの口元のあいだの一種のハイブリッドであることを明らかにしている(38)。

透過性の、溶け合う身体

「笑いなさい、そうすれば世界があなたに笑いかける」とエラ・ウィーラー・ウィルコックスは書いた(39)。感情は伝染する。感情は世界に流れ出す——事物と、事物のあいだの隙間に。感情への最新のアプローチは私たちを境界づけられた身体の外に連れ出し、身体がその外側にあるものと溶け合うという、異なった構想へと導く。感情の歴史家たちは、次第に、「境界づけられた」身体の境界の解かれ方に興味を抱くようになっている。彼らはこの現象を、四つの方法で研究している。すなわち、(一)情動が世界に浸透する方法、(二)身体が空間を定義し、空間によって定義される方法、(三)身体が物体に刻印し、物体によって刻印される方法、(四)身体が空間と物質を、「心的空間」へと包含する方法である。

情動的身体

シルヴァン・トムキンズ（第1章参照）にとって、情動とは「生物に生来備わった第一の動機づけのメカニズム」であった。今日情動理論は、情動的な、エネルギーを与えられた身体が、他の身体や事物、空間と交差するその仕方を強調する。情動は生理学的身体において始まるかもしれないが、世界に向かって溢れ出して終わるのである。

情動理論は多くの心理学者には周縁的な関心しか向けられていないが、文学、カルチュラル・スタディーズ、コミュニケーション、哲学の研究者たちには広範に受けとめられている。歴史学者からの関心の高まりに鑑みるならば、ここでその主要な理論を検討しておく必要があるだろう。国際文化史学会は二〇一七年大会の全体の論題を「情動的転回」とした。情動理論には多くの側面があるものの、最も重要なのは、それがいかに身体を認識しているかである。

情動的身体は「伝染性」であり、開かれ、境界がない。その身体は恒常的に自身を、それを取り囲む事物、人々、音や匂いと共有し、また身体自体もそれらを吸収する。身体は世界と深く関わっているため、私たちと事物のあいだの境界は消し去られる。たしかに、私たちは生理学的身体を持っている。しかし身体を取り囲み、身体を形成するものがなければ、何も存在しない。ちょうど身体が環境を形成するように。主体は主に、社会的に構築されたものである。私たちは、私たちの経験と習慣によって、私たちであるのである。経験や習慣は、同じように透過性のある他の身体と関係を取り結び続ければ変わるだろうし、それにともなって私たちも変化するだろう。サラ・アーメドによれば、「身体は、まさにそれが物体や他者と持つ接触によってその形を獲得する」。ブルース・スミスはこの点を、「二つの顔の横顔にも見える花瓶によって表された視覚のパズル」のアナロジーで説明している。身体は周りにあるものによってのみ知りえ、周りにあるものは私たちの身体によってのみ意味をもち、形を成す。実際、私たちが触れるどんなものも、これと同じ二重の性格を持っている。私たちが触れるものが、そのものを定義し、そのものが、私たちが何に触れているかを示唆する。スミスはテクストでさえ私たちの「横顔」であり、それらが私たちを形作ってもいると考えている。一つの詩を読むことで、私たちがいかに「変えられる」かを考えてみればよい。詩を読むことで、私たちは、好むと好まざるとにかかわらず、その詩の中に自分自身を読み込み、それによって私たちは変えられるのである。(40)

グレゴリー・シグワースとメリッサ・グレッグは、近代の情動理論についての序論の初めに、情動という用語をこう定義した。「情動……とは、私たちが……感情を超えて主張する生命の力に与えた名前である。……情動は、身体が世界の変わることのない頑なさとそのリズムの中やあいだにひたすら浸透してゆく存在に他ならないことを、絶えず証明している」。解きほぐすと、この二人の理論家にとっては、情動は感情がしないやり方で「主張している」ということだろう。情動は感情よりも強烈である。情動は人を「啞然とさせる」。だから心理学者のスタイン、ヘルナンデス、トラバッソは、「情動と、それに対する感情的応答のあいだにはほとんど常に、一瞬の休止がある」と主張することができるのである。事実、情動は「思考や次にどうするかという計画への接近」を抑制することがある――つまり、情動は感情そのものを、抑制することもできる。哲学者で情動理論家のブライアン・マッスミは情動の力強さを強調する。

激しさは、直接的に肌に現れる、純粋に自律神経的な反応に埋め込まれている。[それは]無意識の、決して自覚されることのない、自律神経的な残余である。それは期待や適合の外にある。……それは頭と心臓のあいだの縦の道を行き来する機能と意味のループから外れた横向きの逆流のようなもので、一般化された体表面に広がり、ナラティヴ的には非局在化される。

この見方によれば、「機能と意味のループ」――感情とそれを表すために私たちが使う言葉のような――は心臓から頭へ一直線をなす一方、情動はその、あてもなく彷徨う非局在化された「逆流」である[41]。

シグワースとグレッグの定義はこう続く。「情動には常に、さらに遠くへ延びてゆくための内在的な能力がある。無機的な無生物の隙間の内と外のどちらへもである」。ここで彼らは、情動が空間と場所に入っていく仕方を強調している。それらの空間や場所は必ずしも生きているとは限らないが、私たち自身の主体性によって活気づけられている。私たちはある部屋に歩み入るとき、視覚に加え、匂いや音、ことによると手触りや味と交感することによって、その環境を感じ取る。私たちはその雰囲気を感じ、またその雰囲気に寄与する。「無機的な無生物」自体が、情動的身体となる。

情動理論は、種類の豊富な一次資料を入手しうる現代世界について最も有効であるが、遠く離れた過去に由来する材料に適用することもできるだろう。一つの例は、ブルース・スミスのシェイクスピアのソネット二九「運命の女神にも人々の目にも冷たくそむかれ」の扱いだろう。スミスはこの詩の、「感じられた経験」を復原しようとした。すなわちシェイクスピアがこれを書いているときの経験はもちろん、シェイクスピアの同時代人がこの詩を読むときの経験、さらには（情動の性質からして、私たちは私たちが読んでいるものから私たち自身を切り離すことはできないのだから）私たちがこの詩を理解するときの私たち自身の経験も含めてである。

このソネットを書いているときにシェイクスピアに感じ取られたものを模倣し、言葉を遥かに越えたものによって構成された情動的身体としてそれを完全に味わうために、スミスは読者にこの詩を手で書き写すことを求める。すると、読むだけでは得られないような仕方で、詩を自分のものにすることができるだろう。本とは、私たちがそれと相互作用する物理的な対象であるとスミスは主張する。本は、「私が、指をイーゼルのように用いて手にもっている何かである。……その本は、私がそのページに印刷された言葉を「内に」取り込んでもなお、「外に」物体として存在し続ける」。そのページの言葉自体が行為――発話行為である。シェーアとパフォーマティヴ派はすでにそう述べていたが、スミスはさらにそれを押し進めた。彼にとってその言葉は「時間の中の空間の中の身体」である。すなわち、そのページの言葉は、空間を占め、時を超えて展開されることによって理解可能なものになるのだ。彼はこの点を、あるアメリカ手話（ＡＳＬ）の専門家に意見を聞いて明らかにしている。手話は空間における身体の身振りであり、リアルタイムで一つひとつ示されてゆく。スミスは、手話者にソネット二九を手話で演じるように頼んだとき、アメリカ手話において詩の中の代名詞が新しい、予期せぬ意味を持ったことに気づいた。手話がそれを見る者に、詩人の「私」をオーディエンスの「あなた」と溶け合わせるよう誘《いざな》ったのである。「[私は]嘆き」、「[私は]わが身を眺め」といった行の身振りは、その主語によって見る者を巻き込む。実際、「[私は]わが身を眺め」は、詩人の「私」を、外から凝視している者になぞらえている。

全体的にスミスが指摘するのは、情動理論によって私たちは言葉を越えて、言葉が形をとる以前の場所へ至るところまで、詩を見て、考え、感じることができるということである。情動理論は、シェイクスピア自身の時代には文字通り言葉以前に存在していたと彼は主張する。だから読者は、言葉として発せられる以前の詩も感じとることができた。その証拠は、シェイクスピアとほぼ同時代のジョン・バルワー(一六五六年没)による『キロロギア――手の自然言語』である。バルワーは言葉に先立つ身振りを理論化した。身振りは「先んじられた舌から」、すなわち、一言でも発する前に、着想されていると彼は見ていた。ここからスミスはソネット二九のテクストを、動きを通じて情動と交感する、空間に放たれた言葉以前の一連の意味のある身振りとして読むことができた。詩の実際の言語は、読者/解釈者に対してその意味を限定しなかった。そして、最も問題となった言葉は、予期せぬものだった。人々のあいだの関係を創り出したのは代名詞(私、彼、彼女)と前置詞(〜へ、〜から、〜とともに)であった。(42)

感情へのパフォーマティヴ・アプローチはすでに情動理論にきわめて近い。独立宣言をパフォーマティヴだと考えることは、それをパフォーマンス(そのサイズやフォント、羊皮紙、言語によって私たちに印象を与える)の産物であり、「パフォーマー」(まず熟考し、それにサインした男たち)の産物でもあると扱うことを意味する。情動の歴史家はもう少し先に進まねばならない。情動の歴史家は、宣言の中の言葉を関係についての考察に誘うものだと考える。言葉は「発話なき思考」から「声に出された思考」への最後の一歩にすぎないと見なされる。つまり、言葉はその多くが語られないままになる。語られない言葉は、バルワーの『キロロギア』における身振りのようなものだ。どの言葉も――とくに代名詞に容易に見られるが――レディのエモーティヴのように、ただ一つ示されるときにも多くの意味を含んでいる。独立宣言の最初の一文は、「ある国民」から「彼ら」と彼らの「他の国民」との結びつきへと流れ、そして暗に「あなたたち」――この文言を聞く、あるいは読んでいる人々――へと移行する。あなたたちは、自然の法と自然神の法が「彼ら」、「他の国民」、そして「あなたたち」に「独立対等の地位」を与えたことを知っている(あるいは知っていなければならないと、宣言は暗に示唆している)。独立宣言は言葉にはしていないものの、「あなたたちと私たち、そして彼らさえ、これについては合意している」と暗に想定している。この、テクストの主として文法的な分析において、焦点はなお、「身体」にある。だがそれは、テクスト自体、その執筆者、その署名者、その読者を含む、多くの部分を持つ身体である。

情動的転回を不可逆的なものとして取り入れた歴史家は相対的に少ない。そうした歴史家は心理学者に従い、一部は「認知と感情の相互的で不可分の性質」を表現するために、「コグモーション(cogmotion)」という用語を導入した。歴史家は様々な理由で情動理論を批判している。ルース・リーズは、マッスミや他の情動理論の理論家は、彼らが引用している科学的データを誤用していると主張する。研究に、自分自身の感情を含めることを求める理論に居心地の悪さを感じる歴史家もいる。また、前－言語的反応を好んで、言葉の重要性を低く見ることに異議を唱える人々もいる(43)。情動理論家たちは、言葉を用いながら言葉を掘り崩す立ち位置のアイロニーに気づいている——実際のところ、言葉を豊かに、ぜいたくに、詩的に使っているのに。情動の実践家はこのアイロニーをむしろ評価し、彼らが対象とする捉えどころのない主題に適していると見なしている。シグワースとグレッグは明らかに、情動の不確定性を歓迎している。「情動についての単一の、一般化可能な理論はない。まだないし、(ありがたいことに)決してないだろう。……そのような状況は……情動をめぐる諸理論との最初の出会いがなぜ、方法論的にも概念的にも、一瞬の(ときには永遠のような)自由落下であると感じられたかを説明するかもしれない(44)」。

空間の中の／としての身体

身体は空間と場所の中を、それらに意味を与えながら動く。同時に、空間と場所は、人々に影響を及ぼす文化的・個別的意味を負う。これは社会構築主義的な見方であり、一九六〇年代に現れたもので、哲学者アンリ・ルフェーブルの仕事と密接に関わっている。しかしルフェーブルは歴史家ではなく、人々、気持ち、空間がどのように相互作用するかということに関する彼の観念は、一般的で包括的なものであった(45)。

一例として、最近では歴史家のマルグリット・ペルナウがルフェーブルを乗り越えて、「空間と物質性に、単純明快な仕方で影響を及ぼされる普遍的身体」があることを否定するに至っている。インドのオールドデリーの計画都市の空間を検討して、彼女は以下のように記している。「同じ狭い通路が、年長の男には安全の感覚を創りだすが、その息子たちにとっては閉所恐怖症的感覚を呼び起こす」。後の世代は、さらに違うように感じる――あるいは、何も感じない。いくつかの場所の本来の意味は、「別の物質的空間に変容する以前にすでに、可読性を失う」のかもしれない[46]。ペルナウの「可読性」への拘りは、右に見たように今日なお前言語的経験を根本的なものと考える現象学者や情動理論家に対する、一つの応答であった。

情動に関心を持つ（情動理論を採用した）地理学者は、人々は全く無意識のうちに空間によって影響を及ぼされ、そのことは永遠に表現されず、表現することもできないままにとどまると主張する。空間それ自体――情動の超個人的経験が最もはっきりと見えるであろう場所――が、行為主体性を持ち、情動的変化を引き起こす。要するに、空間は事物と人々によって定義される。ある家の空間は、その壁、窓、置かれたものによって決定される。ある通りの空間は、建物、人、動物、車などによって定義される。空間は、あらゆる種類――人間であれ非人間であれ、透明であれ不透明であれ――の身体が情動的能力を持つがゆえに、情動的変化を引き起こす。地理学者ベン・アンダーソンの言葉を借りるなら、情動は「身体が（情緒を通じて）影響を及ぼされ、（変化の結果として）影響を及ぼす超個人的な能力」である。情動を免れることはできない。身体は影響を及ぼされ、また影響を及ぼさずにはいられない。しかし、アンダーソンは警告する。「まず「出来事」があり、次にその「出来事」の情動的「効果」があるのではない」。情動はいつも、起こっている[47]。

たしかに、言語を通じて表現しうる感情について語ることを好む地理学者もいる。スティーヴ・パイルが二つの種類――感情と情動――の地理学者について手際よくまとめた概観はこう指摘する。感情の「地理学者は、様々な環境における幅広い感情について叙述してきた。そこには、相反する感情の両立、怒り、不安、畏怖、裏切りなどが含まれ」、そのリストは心配で終わる。これらは「知り、存在し、行為する」仕方として理解される。情動の地理学者さえ、感情が必ずしも言葉をともなわないということへの拘りをのぞけば、「怒り、退屈、快、不快、絶望について語り……」、このリストも延々と続く。つまるところ彼らも、自分たちが考えていることを語るために言葉を用いている。[48]

どちらの種類の地理学者たちも周囲の環境に対する反応に注意を集中してきたが、ジョイス・デヴィッドソンとクリスティン・ミリガンは、感情に満たされた空間としての身体を強調する。そしてその感情自体も、「喜びの「高み」、絶望の「深さ」」というように、空間的次元を持っていることを強調する。空間が私たちを動かすように、私たちは空間に、私たちの気持ちを浸透させている（空間を「バラ色の眼鏡で」見ることによって）。彼らの議論は家庭における身体と感情から、制度（学校、工場、刑務所）、都市と農村、さらに国民やその向こうへと押し広げられる。[49]

歴史家もこの仕事に関心をもったが、彼らは空間の歴史的次元も強調したがる。二〇一二年にベンノ・ガンメルは「感情史の新しい眺望をひらく」ために企画された論文集を刊行した。執筆者たちは感情が、特定の「社会―文化的コンテクスト」の中で空間とどのように接続しているかを考察した。ここまでの読者には想像できるかもしれないが、すべての論考が感情について同じ定義を使っているわけではない。[50]

例えばアンドレアス・レクヴィッツは情動と感情を相互に変換可能な用語として用い、「合理性と非合理性」を相反する二元的なものと見てきた社会学者を批判している。こうした二元性は、感情と情動を、「社会的一般化に適さないものに、そして／あるいは自然で生物学的な構造または衝動」に変えてしまう。このような二項対立を克服するため、レクヴィッツは（シェーアとペルナウと同様に）「情動性と空間性の分析のための、統合された発見的枠組み」を与えてくれる「社会的実践」に焦点を当てることを提案した。実際、統合は容易だった。「あらゆる社会的実践」は感情と、人工物と空間からなる構造化の両方を含んでいるからである。感情が「人工物／物質に向けられている」かぎり、翻って感情は「こうした人工物／物質が形成する空間によって」構造化される。実践は常に社会的で文化的なのだから、それらは歴史的変化に従属する。しかしなぜそれらは変化しなければならないのだろうか。なぜ太古から繰り返し実践され続けなかったのだろうか。レクヴィッツはここでピーター・スターンズの、作法書がその言説を変化させると、実践の変化が起こるというアイディアを参照した。レクヴィッツはここに、「空間における人工物の集合の変化」の効果を加えた。技術的変化が最も目につきやすい。レクヴィッツは例として電車が最初に発明された時に喚起された気持ちを挙げる。密閉された車輛が田舎を疾走する様は、それ以前には経験されたことのない感情を引き起こしたのである。(51)

列車の車輛、都市の広場、オールドデリーの通りはどれも、固有の構築物である。しかしガンメルの論集に執筆した歴史家の中には、家庭、法廷、サーカスなど、空間を機能的に考えた者もいた。マーク・シーモアはこれらの機能的空間を「感情のアリーナ」と呼んだ。彼は「歴史的アクターは、ある固有の感情の共同体に属しているように見えつつ、所与の空間的アリーナと結びついた期待にしたがって、何に忠実であるか、どのような価値を重んじるか、どう表現するかを適宜切り替える」と記している。（ここで参照されている「感情の共同体」を提起したローゼンワインは同意するだろうが、別の形で表現するかもしれない。彼女なら、一つの感情の共同体の表現力をすべての次元において——その柔軟性も限界も——アリーナは見せてくれる、と言うだろう。）シーモアの論文は、一九世紀後半ローマの、ある公判を取り上げる。それは新たに生まれたイタリア王国で、裁判所として再利用された教会で行なわれた。この空間は、「新しい国民の感情が演じられ、目撃され、判決が下された」場所だとシーモアは述べる。弁護士や検察官の落ち着いて抑制された振る舞いを描きながら、シーモアはそれを、被告、殺人罪で起訴されたカラブリア出身のサーカスの曲芸師、ピエトロ・カルディナーリの派手で誘惑的な感情の表出と対置する。司法共同体も軽業師も法廷の中で彼らの感情的振る舞いを変えることはなかった。つまり空間は、ここでは感情のスタイルを決定する機能を果たさなかったのである。むしろ彼らの感情のスタイルそれ自体が、そこで審理に付された。実際、「審理」は法廷と同時にメディアでも行なわれた。例えばあるジャーナリストは、カルディナーリが「常に変わらぬ皮肉な笑み［と］気取った自信」を見せており、それが筆者のうちに「克服しがたい嫌悪感」を催させると叙述している。検察官が死刑を求刑した時が、「裁判中、感情が最も高まった時で、ジャーナリストは……聴衆がざわめき、「まるで傍聴席が震えたかのようだった」と報告した」。しかしシーモアは、一方の感情の共同体（すなわち法律家と官僚の）が、他方（田舎のサーカスの軽業師）に勝利したとは結論づけず、むしろ法廷が新国家にとって、地方（カラブリアのような）の諸様式と中央（ローマ）を調停する場となったと主張した。(52)

　こうした「機能的な」空間の見方においても、ブルームホール編の論集は卓越している。『家庭の中の感情』は、家庭の中で作り出される（あるいは妨げられる）様々な種類の感情を取り上げる。一定の規模をもち、裁判に必要な建築的特徴を備えている法廷と異なり、家庭は規模の他には物理的・空間的特質を必要としない。一人の人間よりも大きければよい。トレイシー・アダムズの論考は、近世フランスの非常に富裕な家庭について検討した。そのうちとても高名な家族では、家柄の劣る家庭から女の子の里子をとることもあった。小貴族たちは、娘をエリート層によって育ててもらうために、それなりの金額を支払っていた。少女たちは、「少なくとも一〇〇名にのぼり、寝室から台所、馬小屋まで、様々な区画に分かれて広がる」家庭に加わった。このような養育制度のエモーショノロジーを明らかにする二つのテクスト——一つはクリスティーヌ・ド・ピザン（一四三一年没）、もう一つはアンヌ・ド・フランス（一五二二年没）による——を取り上げて、これらの貴族の家庭の感情的基調は、「和解」と優しさに重きを置いていたとアダムズは論ずる。「少女と女主人、あるいは少女たち同士の関係は、相互の愛情に基づくべきとされていた」。アダムズはそれが理想であることを理解していたが、実際にもそうであった可能性もあると主張する。そうだとすれば、現実には家族の社会的野心の手駒であった少女たちにとっては慰めをもたらすものであったと考えたのである。同論集の、イヴァン・ジャブロンカによる論考は、同じ現象——里子の養育——を、貧しい農民の家庭で検討している。被後見人、里子の少年と少女は、法的にも血縁上も家族の構成員ではなかった。しかし彼らの手紙は——公式の報告書同様——養育関係が、親と子の絆にも似て「情緒的、精神的、社会的」であったことを示している。「空間」は、それらの感情と本当に関係があっただろうか。そうは見えない。ジャブロンカは、被後見人と彼らの擬似親の情緒的関係が、主人と奉公人や召使いのあいだの関係とは、同じ屋根の下に暮らしていながら、全く異なるものであったことを発見した[53]。

このことは私たちを、ステファニー・タービンの研究に立ち戻らせる。そこでは家庭は、優しい愛情とはかけ離れた感情のアリーナであった。近世のイングランドの家庭でいかに不安、畏怖、恐怖が幅を利かせていたかを彼女は強調した。このことは、空間の意味が世代によって、あるいは異なる集団によって変化するというペルナウの指摘を証明するものではない。むしろ、歴史家が「空間」の語を相互に噛み合わない仕方で使っていることの証拠である。ペルナウはそれを、ルフェーブルのように、厳密な場所として使っている。この道、あの公園、私の家といった具合だ。しかしブルームホールや他の寄稿者にとって、空間はもっとずっとはっきりしていないものだった。家庭とは概念的空間であり、その概念は、歴史家の心の中にしかない。ブルームホールの言い方では、「私たちはここで、「気持ちのための空間」という、幅広い定義の概念を採用している。空間は、共有されたアイデンティティあるいは目標(あるいは目標に向かう願望)によって形成され、感情の表現・行為・パフォーマンスといった固有の組み合わせを通して実践され、特定の空間あるいは場において行使される、共同体として理解されている。これらの空間は、物理的でもあり、概念的でもありうる[54]」。

身体とモノ

ダニエル・ミラーの独創的な仕事からアルジュン・アパデュライやアルフレッド・ジェルらの功績まで、物質文化は従来、民俗学者、人類学者、社会学者の領分だった。それがいまや、感情の歴史においては「新発見」の話題である。事物、物質性、物体／主体の二分法は、二〇〇二年頃、感情史家たちのレーダーに映るようになった。オーストリアのクレムスで、ゲルハルト・ヤリッツが組織した二日間のラウンドテーブルが開催された時である。その会議録は翌年出版された。この会合の最後に、バーバラ・ローゼンワインは感情と物質文化の一対を「工事中」と呼んだ。会議に出されたペーパーの多くが財産の破壊、窃盗、略奪に関するものであったことを思えば、興味深いメタファーである。(55)これから見るとおり、その場所はいまだ、部分的にしかできあがっていない。

クレムスのラウンドテーブルの少し前、考古学者サラ・ターロウは、物体しか手に入らないとき、研究者はどのようにして感情的主体に触れることができるかを問うた。考古学者はいかにして感情を理論化できるのか。ターロウは「ナイーヴだったり立場に左右されたりする共感」を排除する。というのも「想像を通して経験することができるゆえに過去の感情は認識可能である」と仮定することはできないと考えるためである。しかしながら、過去の人々は私たちが感じるのと正確に同じように感じていたとする普遍主義的な見方を否定したあとに、「人間である、という私たちの共有する経験が、例えば感覚認知について解釈の基盤を提供してくれる」ことは認めている。実際のところ彼女は、私たちの祖先が、「個別の特定の感情の経験では必ずしもないとしても、感情を経験する能力と気質」を持っていたとさえ、言わんとしている。しかしどうやって考古学者が、人間は常に感情を持っていたという穏健な仮定を超えることができようか。ターロウは情動理論が流行する以前から執筆していたが、そうだとしても、情動理論と似たものを先取りしていた。「私たちにとって、感情的実践の物質性を理論化することは……重要である。空間と建築物と人工物と感情のあいだの関係はいかなるものだろうか。事物はどのようにして、感情的に意味のあるものになるのだろうか(56)」。

考古学者のクリス・ゴスデンはターロウの問いに、美学を通して答えようとした。感情とは一種の判断であり、したがって知性をともなうという観念を受け入れたうえで、ゴスデンは、美の判断——もしくは、より一般的には「物体の形式的な質に付与する価値」——は理性的でありまた感情的であると主張した。ゴスデンが選んだのは、ニュージーランドのテアラワの人々による、人間と思われる彫刻である。この彫刻は一二〇〇年の不在の後、一九九七年に祖先の家へ戻った。それは、ドラマと感情(気持ち)の高まった瞬間であった。レディのエモーティヴとバトラーのパフォーマティヴの概念に依拠して、「物理的世界に複数の器官を通じて関わるという私たちの持つ性質ゆえに、感情的経験はすぐさま複雑な様相を帯びる」とゴスデンは述べた。たしかにそれは、完全に言葉にすることはできないとしても、私たちの身体を通じて演じられる、感情的経験に他ならない。[57]

二〇一〇年までには、情動理論は考古学の分野に到達した。オリヴァー・ハリスとティム・ソレンセンは「人々と事物が彼らの世界をどのように存在させているかを理解するため」この理論に依拠した。例として彼らは、前二五〇〇年に建てられて、イングランド、ドーセットのマウント・プレザントにある巨大な環状遺跡《ヘンジ》の建設、使用、変容に関わる感情と情動を分析することを提案した。芸術作品は、創作者の意図にかかわらず人々に直に影響を及ぼすというジェルの意見に則って、ハリスとソレンセンは環境、同調、情動の場、感情という四つの「新しい分析用語彙」を発展させ、利用した。ヘンジという具体例では、最終的な建設計画よりずっと小さな、一七六個の木材によって作られた内側の囲みが、身体の動きと精神の知覚にある種の制限を与えたと仮定した。それが環境であった。しかし環境が変化すると(例えば、木材が腐敗するなど)、人々のそれに対する同調の仕方も変化する。その結果、彼らの情動の場——場所やあるいはお互いに対する「関係的接続」——も変化する。そしてこの新しい情動の場は、新しい振る舞いを要求する。それらの「異なった種類の身体の動きは……感情を惹起する助けとなっただろう」。

場所全体が持った情動的意味の可能性を探究した後、ハリスとソレンセンは以下のように結論づけた。「人々は、［ヘンジに］回帰するよう求められたと感じた。その場所の建築と物質性には、人々にそう感じさせる歴史の力が露わになっていたからである。その力強さは、人々の感情的繋がりと、共同体であるという感覚によって作り出された質感を通して生み出されていた」。さて、ヘンジが一つ、あるいはそれ以上の共同体によって建てられ、繰り返し使用されていたことには疑いはないとしても、「共同体であるという感覚」について語るのはやや飛躍がある。しかしそれは、著者たちがあえて述べた、唯一の特定の気持ちであり、他のすべては非常に一般的である。文化的な意味のある場所は、どんなところにも力があるのは真実だろう。サラ・ターロウが感情と考古学に関する研究についての批評で指摘したように、ハリスとソレンセンは「ゆるやかに区別された感情の力が、ある瞬間、場所、関係をいかに形作ったか」を示すだけにしようとする考古学者たちに含まれる。ターロウは「もっと緊密に、特定の感情に取り組んだ」人たちについて語り、考古学の同僚たちに、「感情の、社会的、文化的、そして語のもっとも広い意味で歴史的な諸側面を、とくにその可変性に焦点を当てて探究」するよう呼びかけた(58)。要するに、簡潔に言えば人々がある場所によって「心を動かされた」というだけでは不十分なのである。

ターロウは歴史家と連携する考古学者である。しかし、考古学と比較すると歴史学は感情と物質文化をともに扱うことについては遅れていた。感情と物質の微細な相互作用は、二〇一〇年ごろまでそれほど広まってはいなかった。ターロウによる墓所と墓石（そこではテクストと物質性が交差している）に関する論文の冒頭にあるように、感情の歴史家たちはまず墓地に向かった。ターロウが書いているように、「墓石は考古学とテクストのあいだに横たわっている。適切な研究は、物質性と同時に表面の碑文も考慮しなければならない」。一九世紀には、墓石は明らかに感情的なものになり、「喪失、愛情、悲嘆」を呼び起こすものとなったことをターロウは発見した。しかし一九世紀より遥か以前にも、ローゼンワインが六、七世紀について示してみせたように、多様な感情が墓碑銘には埋め込まれていた。古典学者のアンゲロス・ハニオティスが指摘したように、もっと早く、ヘレニズム世界の人々も、墓石にだけでなくあらゆる種類の耐久性のある物質に、あらゆる種類の公共空間で、嫉妬、憎しみ、愛、絶望、嘆き、慰め、その他の多くの感情を表現するために、言葉を刻んだ。しかしローゼンワインもハニオティスも石の行為主体性、あるいは中世史家のジェフリー・コーエンが石の「永続する活力」と呼んだものに関わることを考えはしなかった。コーエンはその行為主体性を、詩的な表現でこう表した。「石は、碑文を刻む表面へと、受け身に物語を運ぶのではない。石たちは語りと絡み合っている。それは刺激であると同時に阻害であり、味方であると同時に敵であり、挑発的であると同時に共犯関係にある行為主体性なのだ(59)」。

コーエンの著作が「彫像のような人間の形状をした総合的な生産物」を意図的に避けているのに対して、美術史家エリナ・ガーツマンは中世の擬人的彫刻の感情的意味を追究した。彼女はテクストとイメージを合わせることで、微笑みが幸福を意味するという観念に挑戦した。ゴシック彫刻の賢い乙

図 6　ストラスブールの愚かな乙女たち（1280 年頃）
陽気な若者が誘惑の林檎を手に持ち，一人の若い女性がそばに引き寄せられている．彼女は「マタイによる福音書」25 章 1〜13 節に語られた愚かな乙女たちの一人で，マタイが物語る以上に愚かである．というのも彼女は悪魔その人と戯れているのだから．二人が無思慮に笑っているのは，幸福ではなく道徳的堕落の印である．（Wikimedia Commons）

女と愚かな乙女（マタイ二五章一―一三節の譬え話）というテーマが、彼女の論点を適切に表している。乙女たちについての聖書の物語では、もし微笑みが幸せを表現するのなら、賢い乙女は微笑み（彼女たちは天国のメタファーである花婿との祝宴に行くのだから）、愚かな乙女は泣くだろう（彼女たちは祝宴から締め出され、地獄へ行くのだから）。マクデブルク大聖堂の乙女たち（一二五〇年頃作）の像の微笑みは、予想通りである。賢い乙女たちはこの上なく幸せそうに微笑み、愚かな乙女たちは反対に、涙でいっぱいの目をぬぐい、眉を顰めている。しかしストラスブールの大聖堂では、同じ物語にひねりが加えられている（図6）。マクデブルクの乙女たちのたった三〇年後に彫られたストラスブールの乙女たちは、賢いほうも愚かなほうも、微笑んでいない。しかし一つだけ例外がある。愚かな乙女たちの横にある像は、若くハンサムで、微笑んでいるが、彼の背中には蛇とヒキガエルが這い上がっている。彼はサタンで、彼に最も近い愚かな乙女は、ガーツマンの指摘するところ、「歯を剥き出して晴れやかに笑っている」。ここでは、彼女の微笑みは幸福ではなく、愚かさと神からの離反のしるしである。[60]

乙女たちは人間を表し、その意味は聖書のテクストによって示されているので、感情的にはかなり「読み」やすい。しかし歴史家が、一見感情のないように見えるもの、例えば服の切れ端などと対面するとなればどうだろう。ここでも、歴史家はテクスト性の覆いを捨てるのが難しいことに気づく。『日用品』と題された論集で、キャサリン・リチャードソンは一五六〇年代にイングランドで購入された二つの特別な帽子の感情的な意味を論じた。教区裁判所記録の中の、結婚の約束の破棄を含む請願における宣誓証言は、帽子が少なくとも「愛情と強制」の記念品であることを示す。女性がそれらの帽子を受け取ったことは、婚約式を示唆しているからである。他方、同じ論集においてレナ・コーウェン・オーリンは「物を感情化」させる「ヴィクトリア的遺物」に反論した。彼女の見方では、遺言にある「記念品」も「思い出の品」も、「一般的には経済的価値を持つものであって、それ以上の意味はないに等しかった」。このアプローチでは、シェイクスピアが妻に贈った「二番目に良いベッド」は、「象徴的価値「つまり敬意のしるし」と財政的価値」をもっていたかもしれないが、「なんの感情的価値もそこから読み取ることはできない」ことになる。遺言書はたしかに意味のはっきりしないテクストで、簡潔で荘重な文体で書かれた条項は無数の解釈を呼び起こす。シェイクスピアが彼の「二番目に良いベッド」を妻に遺贈した時、それは夫の無関心の表現だったのか、特別な愛のしるしだったのか、あるいは単純に、彼女が寝るところを確保する一つの方法であったのだろうか(61)。

テクストがどれほど摑みにくくても、ジョン・スタイルズは一八世紀半ばにロンドンの捨て子養育院に捨てられた赤ん坊に残された記念品を、赤ん坊の服に縫いとめられた手紙や短い文章と併せて研究した際、言葉とものの組み合わせを「捨て子養育院文書館の史料としての大いなる強み」と賞賛した。ターロウ同様、スタイルズは、「共有された人間的経験」が過去と現在の感情を繫ぐと仮定した。彼は「文書館に残されたこれらのものの存在は、人類に知られた最も深遠な別離と喪失のうちの一つ——母親と赤ん坊のあいだの根源的な感情的絆の断絶——から生じる」と主張した。こう仮定するなら、なぜスタイルズはその絆の「真正性」を問うたのだろうか。スタイルズは問う。これらのものは、「貧しい母親たちが赤ん坊を捨てるとき、どのように感じたかを私たちに教えているのか、それとも、貧しい女性たちがどのように、裕福な施設が彼女たちに別離と喪失について感情を表明することを期待していると考えたかを教えてくれているのだろうか」。この問題にぶつかってゆくために、彼は、残されていたいくつかのものが持つ一般的な文化的意味に依拠した。色つきの絹のリボン——養育院の記念品に目立つ——は、よく知られた「愛、とりわけ別離と喪失という環境における愛の象徴」であった。ハートのモチーフもまた「一八世紀にはすでに確立された愛の象徴」であって、しばしば布のお守りの形で残されていた(図7を参照)。結局のところ母親たちにとって、あまり使うことのない言葉による表現よりも遥かに、「誰にでも入手しやすい」「リボンとハートという言葉」のほうが本質的であったと彼は考えた(62)。

スタイルズの仕事は「パブリック・ヒストリー」というカテゴリーに収まるものだが、社会人類学者で博物館の学芸員でもあるトーヴェ・エンゲルハート・マティアッセンもリボンに文化的意味を見出した。雑誌『織物――衣服と文化』の、「布と気持ち」の繋がりの評価を特集した号に、彼女の論

図7　布地でできた赤いハートのお守り（18世紀）
ビーズで刺繡された赤いハートが，ロンドン捨て子養育院に置いていかれた赤ん坊の服にピンで留められていたら，その意味は言わずもがなである．全社会層を通じて，ハートは生命の源，真正な感情の中心，愛の存在する場所と理解されていた．その赤い色は血を想起させた．とくにこのハートのお守りは，創造的なやり方でそこに込められた思いを表している．（Textile heart token ©The Foundling Museum）

文も登場した。掲載されているそれぞれの論考は、一六二〇年頃から一九一〇年まで、北西ヨーロッパで重要であった様々な種類の織物を考察している。三つの決定的に重要な仮説――(一)織物の意味は時間とともに変化した、(二)男性ではなく、主に女性が、布との愛着的な関係を持った、(三)どの素材も、その質感、見た目、匂いによって、それ自体の固有の感情的

可能性を持った——を立てることで、それらの論文は、執筆した女性たちの感情をも包含した。マティアッセンは近世デンマークの洗礼式の衣類の展示の仕事をした時、「ある一組の衣服が私を感情的にした」と告白した。何よりも、ある帽子のサイズが非常に小さかったことが彼女に、生まれたばかりの子どものか弱さと、保護の必要を強く訴えかけた。しかし子どもの両親は同じように感じただろうか。文書史料がないとき、「これらの特定の服と結びついた感情についての知識は袋小路に突きあたるように見える」。スタイルズ同様、マティアッセンは、同時代のデンマーク文化に埋め込まれた信仰と価値観に依拠することによって、間接的な経路を見出した。当時の高い乳児死亡率の知識と、彼女自身の子どものか弱さについての鋭敏な感覚にしたがって、彼女は多くの要素——いくつかは洗礼式の衣装に直接編み込まれていた——を検討した。それらは保護の戦略を示唆し、したがって両親の配慮と愛を示していた。例えば一七〇〇年頃から、そうした衣装の多くは赤い色をしていたか、あるいは赤いリボンのような飾りをつけていた。同じ頃のイングランドでそうであったように、リボンは愛の象徴であり、一方デンマークの民俗文化において赤という色は邪悪を払いのけると考えられていた。赤はキリスト教信仰とも結びつけられた。赤は「愛、受難、血の象徴として用いられる強力な色」であった。同じアプローチを金属製のもの（帽子やガウンに縫いとめられたり、ポケットに隠されたりしていた糸や護符、銅貨）にも応用し、マティアッセンは結論として、物質に付与された感情は、たとえそれらが言葉として読み取られなくても、解釈することができると述べた[63]。

そのような感情が物質に「付与」されるのは、人々が意味を与えるからである。では物体は、それら自身の感情的な行為主体性を持つことができるだろうか。もちろんできる。しばしば引用される論文の中で、サラ・アーメドは「幸せな物体」と言った。『感情的な織物』の編者たちは、布の「感情的特質」について語った。ジェフリー・コーエンは、「石はエネルギーを内包し、行為主体性を放出する」と宣言した。コーエンはアングロ＝サクソン人の司教アーケンワルドの涙が死者の身体に洗礼を与え、その魂を天国へと解き放つ効果を持つと言われていたことを引き合いに出す。「アーケンワルドの情動的・物質的応答が、生者と死者を物語に縛りつけるのだ」[64]。

ここまで私たちが議論してきたすべてのアプローチは、物質から始めて、その感情的（あるいは、ときに、非―感情的）意味を解きほぐそうとしてきた。しかし別のアプローチもある。感情から始めて、それが物質的にどのように表現されるかを検討するやり方である。すでにクレムスにおいてダニエル・スメイルは恨みを取り上げ、中世後期のマルセイユにおいて人々が動産の差し押さえを通じて彼らの恨みをはらそうとしたことを論じた。例えば、ある地主は「ベルトラン・ド・ヴァランの店から二つの銀のカップを彼自身の権威においていて差し押さえた。その店は［法的］記録では「彼の敵」と記述されていた」。『愛の物質』では、著者たちは愛から始めて、その物質的な現れを探究した。ほとんどの執筆者が現代の物質を扱ったが、エリザベス・ハウウィは一九世紀の男性同士のロマンチックな関係が熱い抱擁と相互崇拝の写真に表されている様子を証明し、アン・ウィルソンは（愛というよりは宗教的感情についての論文で）、カトリックの祈禱像が血を流すと言われ、その現象が教会の力を強化すると同時にそれを掘り崩す脅威でもあったという、歴史的文脈（一九二〇年のアイルランド）を素描した[65]。

さらに、本質的に物体と関わらざるをえない感情的実践に着目する著者たちも現れた。文化批評家のレイ・チョウは、コレクションという「リビドーの副産物」の数々の事例を探究した。一方で、人間の「ものへの執着」に対する軽蔑は、一九六〇年代中国の文化大革命のように、それらを火にくべて焼き払うという行為を喚起する。他方、それが偏愛に変わることもある。コレクターの社会関係と自尊心は、ものに焦点を置いている。ものは崇拝の対象であり、それがなければ、コレクターはもはや生きていようとは思わない。しかしダニエル・スメイルは、ものの溜め込みに関連する実践について、非常に異なった解釈を与えた。彼はものの溜め込みを、消費主義と、溜め込みに取り憑かれてしまうような後天的な環境と組み合わせて捉えた。溜め込みはある種の精神的障害と、おそらくは遺伝的条件と結びついており、そのような条件は可能性としてはあらゆる年齢の人間に起こりうるという。とはいえそれは、行動的には、セロトニン系を刺激する消費主義の環境でしか現れない(66)。

心的空間

セロトニンは私たちを、生理学的脳に連れ戻す。しかし今日、脳は、それ自体の空間とものを備えた世界を創造する、記憶と想像の場とも考えられている。哲学者のマーサ・ヌスバウムは、本、音楽、芝居、演じることやその他の芸術は、感じるための本質的な空間を提供していると論じた――それらの芸術が場を提供するからではなく、精神的なシナリオを刺激するからである。例えばギリシア悲劇の観客は、舞台で登場人物たちによって表現されている感情を、想像力によって自分たちに当てはめている。実際、舞台上のドラマは「[観客を]自分たち自身の生の可能性に向かって、様々な種類の感情を持つようにうながしている(67)」。芸術と芝居が、感情的実験に空間を提供するのである。

この創造的空間には、歴史的次元があるだろうか。ヴィクトリア時代のアメリカでは、女性の感傷的な文学が表面的な意味以上のものを持っていたとマリアンヌ・ノーブルは論じている。一八二七年にマリア・ブルックスによって執筆された詩は、女性の「柔和な美」を謳っているが、その被虐的なイメージは実際には「エロティックな愛のダーク・ファンタジー」を創り出していた。それによって「女性の身体性と女性の芸術性とに対する禁止」を回避することが、読み手に可能になったのである。感傷的文学は「情熱、欲望、怒りの言語を使える」ようにすることで、「自己の探究」の可能性を創り出した(68)。

マックス・プランク研究所のウーテ・ノレーフェルトのチームは、近代の児童書における感情的想像力の空間について丸一冊かけて、『感じ方を学ぶ』を上梓した。著者たちは、一つのジャンルとしての児童書は一八世紀末より前には存在しなかったと指摘した。その後、子どもにも実のところ感情があり、そうであるからには感情を理解し、また何より感情を形づくる必要があるという新たな確信が反映されて、ジャンルとして次第に定着していった。『感じ方を学ぶ』の副題「児童文学と感情の社会化、一八七〇―一九七〇年」はチーム全体の結論を露わにしている。児童書は、感情的想像力を豊かにするというよりは、社会化するために機能した。著者らは子どものための本とともに、作法書を検討し、それらは互いに合わせ鏡になっていると論じた。フレーフェルトのチームが論じたように、子どもたちが感情を模倣し、実践することによって学ぶなら、児童書は子どもたちが憧れ、嫌がり、概して「試してみる」ことのできるモデルを提供した。しかしそのような役割が無限にあったというわけではない。いくつかのとくに「社会的な」感情――信頼、恥、同情――にそれぞれ章を設け、主にドイツ、スカンディナヴィア、イングランドで人気のあった本を検討した結果、全体として著者たちは、児童書は、若い読者たちの心に届くと想定された、どちらかといえば窮屈な道徳的教訓を提供したことを示した。歴史的な傾向があることは明らかであった。まず、児童書は神の意志または大人の権威を強調した。その後、子どもの仲間集団により多くの紙幅が割かれるようになり、大人と子どもが道徳的に対等であることが認められた。ヨーロッパの人種的優位とキリスト教の宗教的優位の主張は次第に弱まったが、決して完全に消えることはなかった。ジェンダー役割は平等化され、最近の児童書には同性愛と子育てが登場した。つまり、感情的空間は時とともに広がった。しかし用心しなければならない。「これらの多岐にわたる機会とますます広がる可能性は、新しい種類の義務にもなる……自己改良と適正化の終わらないプロセスへの扉［を開く］」。別の言い方をすれば、自己実現の自由の拡大は、それと一緒にアイデンティティの終わりなき探求を連れてきたのだった。(69)

児童書に暗に含まれた教訓的な指導を強調するとき、フレーフェルトのグループはある意味で、流行に逆らっていた。チームのメンバーたち自身が認識しているように、児童書の著者たちが子どもたちに学んでほしいことを見るのと、それらの本がどのような想像力に富むファンタジーをそれぞれの子どもに提供したかを知るのは別のことである。ヤン・プランパーは若いロシア人読者にとって勇敢な少年ケシャの冒険が持つ可能性を考察した。彼らは「ケシャの恐怖と勇敢さの経験を共有」しえたであろうし、さらに、物語によって喚起された他の感情も「試す」だろう。より大胆な研究者たちは、読者が本によって提示された感情に対して反抗することまで想像している。サラ・ビルストンはヴィクトリア時代の作法書の教えに、ヴィクトリア時代の少女文学が暗に示す「ルール違反」を対置させた。読者自身がテクストの意味を産出するという文学理論にしたがって、ビルストンは、ヴィクトリア時代には敬虔で道徳的な意味を「還元的に」読むことが求められたが、それは実際の読書のパターンによって台なしになったと主張した。彼女が挙げる例――シャーロット・ブロンテの『ジェイン・エア』とジョージ・エリオットの『フロス河の水車場』――はフレーフェルトの論集ではほとんど言及されなかった。しかしビルストンにとって、これらは児童書がヴィクトリア時代的価値観を転倒させるやり方のよい例であった。『ジェイン・エア』では、タイトルと同名の主人公が地理学に関する本を読み、想像力を羽ばたかせたことを彼女は指摘した。ジェインはとくにイラストに、「その神秘的な答えのなさ、まるで彼女が埋めるために残されたような思わせぶりな空白のゆえに」心惹かれた。もちろん、たとえそうであっても、ジェインの読み（とファンタジー）は、完全に自由ではなかった。例えば彼女は賛美歌をひどく嫌っていたが、賛美歌――とその他の敬虔なテクスト――をよく知っていた。同じように、ジョージ・エリオットの『フロス河の水車場』の主人公の女性は、読んだ本と、何よりそのイラストに合う物語を創った。彼女は「デフォーのテクスト［『悪魔の歴史』］にある溺れる魔女の画像」からさえスリルを感じた（「恐ろしい絵ではありませんか？　でも見るのをやめられないのです」）。ビルストンの解釈では、「『ジェイン・エア』と『フロス河の水車場』における文学の消費のシーンは、非正統的な若いヒロインたちの誕生を描き、またそれを助長している(70)」。

同じくレイチェル・アブロウもジェイン・エアをヴィクトリア期の読者のモデルとして使用した。ビューイックの『英国鳥類史』を読んでいるジェインは、「目の前のテクストに吸い込まれるよりも、その本がもたらす材料と精神的な空間に基づいた彼女自身のナラティヴを発明する方に積極的であった」。ジェイン自身が「私は幸せだった。言うなれば私なりの幸せだったが」と報告している。アブロウの本に寄稿しているニコラス・デイムズはさらに議論を進めて、情動的想像力のための空間を提供するのは小説だけでなく、ヴィクトリア時代のフィクションの批評家たちもそうであったと主張した。批評家たちが小説を書評するとき、彼らは読者に、「情動的な合図」として作用する長い引用を入れることで、その書評を通して小説を経験するように促した。別の論考ではケイト・フリントが、ヴィクトリア時代の小説は、家から遠く離れた読者たちに、すぐ傍らで彼らを取り囲むものが彼らに与える疎外感を遮断する、居心地のよい感情的避難口として役立っていたと述べた(71)。

一九世紀インドでの躾の実践に関する本の中で、ルビー・ラルは成人女性と少女たちの、一日中骨を折って働き、男の願いと支配に服従することを期待された窮屈な生を考察した。しかしこれらの成人女性と少女は、規範的な期待をほどき、公式には彼女たちには手に入れることのできない感情を感じることで、想像力に富んだ遊び心と空想のための空間を見つけ出した。常に男性によって書かれたテクストに基づきつつも、ラルは、禁じられた欲望や憧れ、矛盾した感情を少女や若い娘たちが感じ表現することのできる空間を垣間見させる、口頭伝承の痕跡を発見した(72)。

夢は私たちが奇妙で気まぐれな、力強い感情を感じることができる、もう一つの精神的空間である。『夢と歴史』においては様々な分野の研究者たちが、フロイトの記念碑的『夢解釈』に至る、あるいはそれとは異なる、また共通点を持つ、夢解釈の様々な伝統について考察した。「夢の内容と抑圧の文化史」を生み出す可能性を示唆した寄稿者もあり、「他の時代の男性と女性の、私的な知覚や深い葛藤」の歴史に向かった著者もいた。歴史家のパトリシア・クロフォードは近世イングランドの女性の夢について研究し、それらの夢がいかにしばしば神への深い感情的愛着を示しているかを考察した。

「私は胸乳に閉じ込められたミルクです。今にもあなたに注ぎ込まれ広がります」とアン・バサーストは一六九三年に書いた。バサーストがここで母のイメージを用いたのは偶然ではない。女性たちは、家族の構成員との感情的関係について深く考えて――そして夢見て――いたからである。だからウェントワース卿夫人は息子にこう書いたのだ。「この三晩、私は昼よりも幸せでした。あなたとともにいる夢を見たからです」。クロフォードは、それらの夢は物語られ、またそれを鑑賞した聴衆によって繰り返されることによって、女性たちに声と、常には与えられることのなかった権威を与えたと論じた(73)。

クロフォードはこれらの女性たちの夢を、精神的空間を作り上げるものというよりは、現実世界での機能を持ったものと見なした。一六世紀の異端審問の時代に生きた若いスペイン人女性ルクレシアの夢に関するロバート・ケイガンの本も、同じように、夢の政治的な意味に焦点を当てた――ルクレシアや彼女の同時代人たちが実際にそうしたように。イングランドでもスペインでも、夢見る女性たちは予言や幻視が彼女たちに力を与えることに気づいた。男性たちも、政治の夢を見た。あるいは少なくとも、中世史家のポール・ダットンは「九世紀以来の、政治的なことを含む三〇ばかりの夢や幻視」を検討した。それらの夢――主に修道士や聖職者の見た――は同時代人に、カロリング王朝の政治秩序の誤りと、罪深い王たちを待ち受ける恐ろしい罰とを告げていた。

夢見る者が感情を持つかどうかはダットンの関心事ではなかった。しかしすでに一九八一年に、ペーター・ディンツェルバッハーの中世の幻視文学に関する研究には「感情的反応」という短い節が含まれていた。夢の空間の衝撃を検討したディンツェルバッハーは、初期の幻視が脅威や喜びを生き生きと叙述しているのに対して、後期のそれは背景においても気持ちにおいても面白味のないものであることを発見した。しかし後期の幻視のすべてが無味乾燥であったわけではない。ジャン＝クロード・シュミットは、一三世紀のシトー会修道士リヒャルム・フォン・シェーンタールの幻視を分析した。この修道士は彼や他のすべての人の周りに、悪魔と天使を見た。悪魔と天使は修道院に住んでいたのだが、見たり聞いたりできるのは彼だけだった。怒り、疲労、悲しみから全き喜びまで、彼の反応を叙述するために、リヒャルムは高度に発達した感情的な語彙を使用した。彼の全身が巻き込まれ、痛みを感じ、笑い、顔を赤らめた。しかし彼はこれらの経験を道徳的・霊的用語で思考した。悪魔は悪であり、天使は善であり、彼の感情（あるいは私たちが彼の感情と呼ぶところのもの）は高潔か、あるいは罪深かった。ここでは精神的、霊的、肉体的、生理学的空間は、完全に溶け合っていた。(74)

境界づけられていようと開かれていようと、身振りをしていようと苦痛を感じていようと、家庭でも、法廷でも、教会あるいは街路でも、眠っていようと起きていようと、身体は近年の感情史研究の隠れた主題となっている。将来、この分野では何が起こるのだろうか。どのように発展するのだろうか。他の分野にはどのような影響を与えるのだろうか。次章では、先に待ち受けている多くのチャンスと挑戦のうちのいくつかを取り上げる。

4

未来

これからおよそ一三年後に自分の脳のレプリカを作ることができるハードウェアを我々は手にしていると信じない理由などない。確かに、依然として、とりわけ人間的だと思われる事柄はある。創造性だったり、ゼロからのインスピレーション、幸せと哀しみを同時に感じる能力などだ。けれども、いずれコンピューターは独自の欲望や目標システムを持つようになるだろう。

サム・アルトマン(Yコンビネータ社長)の言葉、タッド・フレンド「ゼロを一つ加える」『ニューヨーカー』(二〇一六年一〇月一〇日号)より

私たちはまだ「脳のレプリカを作ることができるハードウェア」は持っていないが、私たちの脳、精神、心に影響を与え、それらを表現できるハードウェアやソフトウェアはすでに存在している。感情史は、現在の世界でどのような役割を果たしているのだろうか。そして、将来、どのような役割を担うべきなのだろうか。この章では、将来を見通し、新しい道筋を想像してみたい。大きく二つのパートに分けるが、前半では、歴史学の領域とそれを実践する者たちにとりわけ関係する諸問題を取り上げる。後半では、感情史の洞察が、広く一般の人々にどのように普及しているのか――そして、どのように普及するべきであるか――を問う。

アカデミアの壁

感情は、すべての人に関わり、誰もが何か言うべき重要なことがある話題である。しかし、学問の世界はそうしたコミュニケーションを遮断する障壁を築いている。人文学（アーツ）と科学がともにあった、かつての「アーツ&サイエンス」というまとまりは廃れる一方である。歴史学科や歴史書自体、古代や中世などの時代別に分かれ、それぞれの分析、関心、専門性を持つ異なる領域になってしまっている。感情史には、こうした壁を瓦解させる可能性と――そしてまた必要性――があるのである。

感情史を感情科学と結びつける

学際的な雑誌『エモーション・レビュー』の最近の特集において、歴史家ピーター・スターンズは同僚の研究者たちを批判した。感情史を専門とする歴史家は、以前は、社会学者、人類学者、心理学者、そして哲学者の研究を読み、こうした専門家に向けて発信していた。しかし、感情史が急激に進展する過程で、この分野は内向きになり、他の歴史家に向けてのみ、あるいは、いっそう狭くアメリカ史、近世史などといった特定の分野の歴史家にだけ発信するようになった。今日でも「学際性」は存在するが、それは音楽、美術、文学といった人文学内の専門家との交流を指すものとなっている。いまや科学と歴史のあいだの溝は深く、スターンズは「これがどの専門家にとっても現実的な損害をもたらすであろうことを危惧する」と断じている。

例えば、恥というテーマについて言えば、歴史学的アプローチは心理学者や社会学者の関心を強く引くはずだと、スターンズは考えていた。しかしながら、歴史家が議論の場に招かれたことはない。なぜなのか。原因の一端は歴史家自身にある。一九八〇年代以降、歴史家は「アメリカ合衆国において恥の感情が下火になってから、何が起こったのか」という問いを避けるようになり、恥の歴史に取り組まなくなったと、スターンズは非難している。しかし、心理学者と社会学者にも責任がある。彼らは、私たちや私たちの子育て実践を導く立場にある専門家なのに、歴史の必要性を感じていないのだ。スターンズ曰く、歴史家が自らの仕事を行ない、他の人がそれに聞く耳を持てば、恥が、かつては(一部の非西欧諸国では今日でもそうなのであるが)社会的な協調性を強化するのに役立っていたが、今日では内面化され自身の卑下に転化し怒りや暴力を生み出すのはなぜなのか、を私たちはみな理解することができるだろう。もし今日の心理学者が歴史家の仕事を読めば、彼らは自分たちの〔治療の〕助言を変更することもあり得る。彼らは、歴史のある時点でアメリカ人がそれまで辱めてきた人々をどのように再統合したかを学び、その知識を治療の道具として使うかもしれない。彼らが歴史家の仕事を読めば、私たちの社会における少なくともある集団内では恥が感情の底流として存続していることに、より敏感であることができるであろう。さらに言えば、一九六〇年代以降のソーシャル・メディアの隆盛によって、恥は「カムバック」した、とスターンズは論じる。(1)

科学者が常に歴史を無視するわけではない。(2) しかし、非常によく無視してきた。科学者の声は、(二〇〇〇年代以降の)神経科学の隆盛に伴い、他の分野を凌駕するようになった。一九九六年に出版されたコーネリアスの感情科学に関する教科書(第1章参照)には、神経心理学についての付録があった。対照的に、二〇一七年に出版されたパウラ・ニーデンタールとフランソワ・リックによる教科書では、このトピックに丸々一章費やされている。(3) この事実は、『エモーション・レビュー』の別の論文の戦略を説明するのに役立つ。学際性を求めて、心理学者のアド・ヴィンガーハイツと精神科医のローレン・ビルスマは、泣くという行為を理解するための野心的な研究計画の概略を示した。彼らは、泣く理由が人生の流れの中で変化するかどうか、泣く際にジェンダーの違いがどのように機能するか、涙をこぼすことが泣く人自身とその周りにいる人双方にどのように機能するかを、探求しようとした。彼らは、「多分野の協力」を求め、彼らの計画において一緒に取り組むべき分野として「心理学、精神医学、進化生物学、神経生物学、神経科学、人類学、動物行動学」をリストアップした。動物行動学が動物の振る舞いについての科学であれば、歴史は——厳密に言えば——何世紀にもわたる人間の振る舞いに関する科学である。しかし、ヴィンガーハイツとビルスマは、歴史家を含めるということは思いつかなかったようだ。

実際には、歴史家は涙を流す行為についての研究を行なってきた（第3章参照）。ヴィンガーハイツとビルスマは現代世界におけるポジティブであれネガティブであれ多くの「泣くことの前提」についてはよく知っているが、西洋の歴史上、涙への称賛と拒絶とのあいだで様々に態度が変容してきたことは考慮していない。ナジが示したように、――例えば、教会の十字架の前で――泣くという能力は、ある時期においては、階級やジェンダーの境界を超えた、敬虔さの目印であった。この意義付けは、一二世紀の知的エリートたちのあいだで弱まり始めた。一二世紀後、宗教改革の時期に、涙はおもに罪に対する悲しみと結びつき、祝福のサインではなくなった。この時点で、涙は、それを流す者に心地よさをもたらすものではほとんどなくなった。論文の中で、ヴィンガーハイツとビルスマは、あるパラドックスを指摘している。「泣く行為は一般的に気分をよくすることに役立つものだ」と人は考えているが、実際のところ、「泣く行為は必ずしも気分をよくするものではない」のである。歴史家にとって、これはそれほどパラドックスではない。涙は今日もなお、半ば忘れられているがいまだ通用する数々の伝統に囚われているし、その意味を反響させ続けているのである。(3)

スターンズによれば、歴史学が他分野から孤立している理由の一つは、感情を研究する歴史家たち自身の過ちである。すなわち、彼らは、「ルネサンスの特質や特定の戦争の経験といった主要な歴史的テーマへの貢献を、感情研究という分野全般への明確な寄与よりも優先してきた」(4)。感情史家の中には、依然としてある特定の時代を専門にして研究していると自己認識している者もいる。しかし、ウィリアム・レディ、バーバラ・ローゼンワイン、ピーター・スターンズとのインタビューの中で、ヤン・プランパーは「感情史の未来はどの方向へ向かうべきか」と問うている。スターンズはより「学際的な橋渡し」を欲し、レディは「感情史は、政治史、社会史、文化史の実践の一つであり、新しい分野として加えられるべきものではない」と答えている。ローゼンワインは、同年に刊行された論文の中で同様のことを言っている。「ジェンダーというテーマがインテレクチュアル・ヒストリー、政治史、社会史の中にいまや十分に組み込まれているように、感情研究は（最終的に）独立した歴史の要素であるのではなく、むしろすべての歴史研究に関わるものであるべきだ」[5]。

詰まるところ、その理想的な未来とは、感情史が他の歴史叙述の中に組み込まれ、かつ科学研究と結合されることの両方であろう。『エモーション・レビュー』のような場で提供される稀な機会に留まることなく、歴史家と科学者の関心がどのように重なり合うのかを考えてみよう。第3章で論じたように、身体に対する近年の関心は、触覚と感情のあいだの多様な神経経路への科学者の着目と親近性がある。私たちは、「あなたの涙が私の琴線に触れる」とか「あなたは私の気持ちを傷つける」と言うが、どちらも単なる暗喩以上の意味を持っているだろう。神経科学者のデヴィッド・リンデンは、私たちを包む繊細な覆い、すなわち皮膚の感情的側面について、近年論じている。彼は、「コンテクストが感覚経験において重要である」ことをよく理解している。同じように触れられても、それが恋人か、医師か、母かによって、各々の場合で異なって感じられる。「感覚的刺激の認識は、私たち自身の見込みに決定的に依存する。それは、その瞬間までの人生経験によって形成されているのである」。歴史家は、「人生経験」の他に、過去の感情基準、共同体、ジェンダー、空間、制度といった要素を加えることができる。しかしながら、現時点では、科学者はコンテクストにそれほどの関心を持っておらず、私たちの多様な感覚的・情動的経験を差異化する個々の神経回路を発見することに力を注いでいる。

科学的探求のすべてが、脳の様々な場所を特定の感情と一致させる研究と必ずしも同じ方向性であるわけではない。つまり、脳の神経ネットワークと人生経験のあいだの相互作用を強調する説に基づき研究する科学者もいる。シリル・パナーツは、「感覚データを記憶し、配慮し、区別し、判断する精神的プロセス及び意識的な行動のコントロール」の基礎となる結合的ネットワークについて論じている。構築主義的神経科学者であるリサ・フェルドマン・バレットによる新著は、彼女が感情の「古典的見方」と呼ぶもの——(身体においても心においても)感情は「引き金によって起こる」普遍的な反応であるという見方——に対して、説得力のある反論を行なっている。感情は、「怒り」や「恥」といったばらばらの単位で生じるものではない。サム・アルトマンはこの点を理解していて(この章の冒頭のエピグラフを思い出そう)、人間は「幸せと哀しみを同時に感じる能力」を持っていると述べている。感情は、その人の現実の人生経験と、世界と身体の認識によって構築されるのである。バレットのような科学者と感情史家には多くの共通点がある。大きな違いは、こうした現実の人生経験は、現在と同様に過去にも多くを負っていることを歴史家は知っているという点である[6]。

時代区分を超える

スターンズが指摘したように、歴史家自身が自分たちの領域を細かく分割してきた。歴史家はある特定の時代を「主専攻にする」ことを決める必要があり、アカデミック・ポストに応募する際には古代史家、中世史家あるいは近世史家と自らを称し、自分の専門領域に関連する本や論文を読む。感情史家は、こうしたやり方にそのまま従うことはできない。自分の「専門」に留まらなければならないが、同時に、最低限いくらかの科学者、人類学者、考古学者、文学理論家の仕事を読まなければならない。自分の専門外であったとしても、互いに読み合わなければならないのだ。感情史家が依然として自分たちの方法論、研究手法、前提を磨いている段階であることがその理由の一端であろう。しかし、別のもっともな理由もある。感情は、おそらく歴史の他のテーマよりも、はっきりと過去の痕跡を残しているものなのだ。涙を流すことがヴィンガーハイツとビルスマに抱かせたあるパラドックスについてもう一度考えてみよう。人は泣くことで慰められると考えるが、必ずしもそうはならない。泣くことの歴史は、ヴィンガーハイツとビルスマが目にしているのが、それ以前の時代の感じ方、振る舞い、考え方のパターンの痕跡がうまく現代の環境に移行されていない状況であることを示している。泣くことに関する現代の感覚はその中に涙をめぐるすべての歴史を含んでいると、歴史家は言えるかもしれない（私たちの見方からすれば、言うべきである）。実際、一般化するならば、感情史家は、過去の「古い」気持ちと対置されるような「新しくて現代的な」気持ちがあるのではなく、今ある感情は過去の諸々の感じ方の混合が現在に適用されたものだと、述べることができるだろう。

　そうであるならば、歴史における「時代」の区別はぼんやりしてくる。例えば、西洋文明の歩みは、古代、中世、近代という三つの主要な時代から構成されている。しかし、時代もまた、感情と同様に、事前に決められるものではない。感情史は壁を崩すことに貢献するかもしれない――本当を言えば、貢献しなければならない——と私たちは考える。

もちろん、歴史家にとって、時代について語ることには相応の理由がある。歴史家は、変化しないものと変化するものの双方を扱う必要があり、この二重性を扱うために「時代区分」を行なう。つまり、いつ一つの時代が終わり、別の時代が始まるかを決定するのである。伝統的な見方では、大きな転換が新しい時代の始まりの根拠となる。「真ん中の」時代という概念に苛立ちを感じていた中世史家である故ジャック・ル・ゴフは、それでもなお、一八世紀中葉まで延ばした「長い中世」を提唱した。そして、産業化を主な根拠として、続く時代——一七五〇年頃から現代まで——を「近代」と呼んだ。ル・ゴフが論じるところによれば、一七〇〇年代、「ある時代を後ろに置き去り、次の時代に飛びつく」ことが可能となった。時代の名前と長さを改訂はしたが、彼の見方は、結局のところ、跳躍と着地、あるいは入口と出口の連続としての時代区分を維持する非常に伝統的なものなのである。(7)

しかし、これが唯一の可能性ではない。感情史に関係するのは、時代区分をひっくり返そうとしたラインハルト・コゼレックの議論である。コゼレックによれば、政治的・社会的概念はその内に過去、現在、そして未来をも含むのである。例えば、私たちが独立宣言の中の「平等」概念を考えるとき、ジェファーソンとその同時代人にとっての語の意味を理解するだけでなく、その意味するものの中に西洋の伝統すべてが息づいていることを見て取る必要があるだろう。さらに言えば、宣言の中の平等概念は未来をも含むのである。なぜなら、私たちは宣言を読み、そこに私たち自身の理解を押し付けるが、そこには来るべきものへの私たちの期待が反映されているのである。

コゼレックの歴史の見方は、時代区分についての考えを変質させることを私たちに要求する。もしすべての時代は「多くの重なり合う層」から成るという概念を適用したら、すべてが変わるような瞬間は存在しなくなる。コゼレックは感情については考えを巡らせていないが、感情は過去の痕跡を残しているものなので、彼の「概念」と非常に近い。くわえて言えば、レディの「エモーティヴ」は、コゼレックの「概念」と非常に似通っている。つまり、各エモーティヴは、小さな爆弾のように、(すべてが同時に)潜在的に有効なさまざまな意味合いをもって爆発する。レディはエモーティヴの歴史的側面に思考を広げていないが、ロマンティックな恋についての彼の議論を見れば、その歴史は、吟遊詩人による新しい用法も含めて、通常は現在を過去から区切る「近代性」や「産業化」や他のすべてのものにもかかわらず、私たちの時代まで影響し続けていることを理解できる。

ローゼンワインの感情の共同体の概念は、この考え方に別の側面を付け加える。一つの感情の共同体の多くの実践、習慣、価値は、(時には完全に、時には変化して、時には新たな意味を付与されて)何世紀ものあいだ存在する。恥に関するスターンズの最近の論考はこの点をついている。恥について話したり、それを経験したりする機会が減少している一般的傾向にもかかわらず、「ある集団は明らかに他の集団よりも恥に関する流行の変化により影響されやすい。[近年の歴史的研究は]福音主義者が他の集団よりも恥の感情を抱き続けるもっともな理由と立場があったことを示している。さらに広く言えば、感情史は、サブカルチャーを探知し説明することを促進する」(8)。ここでスターンズは、ローゼンワインと同様に、時代のどのような時点であっても、複数の感情の共同体が存在することを強調する。それらは互いに完全に孤立していることもあるかもしれないが、しばしば、取り入れたり、拒否したり、(よりありうることだが)その双方が起こり、互いに影響しあう。

感情史は、時代は「去る」とか「躍進する」といった単語で知覚されるべきものではないことを示す。「旅する」がより適切な比喩であろう。人々は徐々に変化する景色の中を動くのである。彼らは伝統的服装を身に着け、必要になるかもしれないものを旅行鞄の中に詰める。しかし、旅する中で、いくつかを脱ぎ捨て、別のものを加える。それは変化する環境と必要性に応えるためなのである。服と違い、感情は購入されるわけではない。しかし、習得されたり、取り入れられたり、加えられたりする。端的に言えば、感情史家は、長い旅の過程で持ち去られたり、加えられたり、変更されたり、捨てられたりした、いくつかの特定の荷物を提示する準備が十分にできているのである。

アカデミアおよび、それを超える展開

感情史は、いまや学術ネットワークや学会組織の中に組み込まれている。特にフランス(EMMA : Les émotions au Moyen Âge 中世感情研究プログラム)、イングランド(ロンドン大学・クイーン・メアリー)、オーストラリア(西オーストラリア大学の卓越センター)、ドイツ(マックス・プランク研究所)においてそうである。さらにアメリカ合衆国やイタリア、その他の地域でも感情史研究者は数多くいる。いくつかのシリーズも刊行されている(9)。これらの事実は、アカデミアにおける感情史の成功を示す重要な指標である。しかし、成功は、問題と新たな挑戦をもたらす。ある意味では、EMMA自体がすでに成功への反応であった。この組織は明らかに英語話者ではなくフランス語話者主体であるが、他のすべての組織やブログは英語を用いている。この「英語支配」は部分的には、科学者たちの会議や出版がほ

ばいつも英語で行なわれるためである。

しかしながら、学術組織の外では、感情史のインパクトは非常に弱い。これは嘆かわしいことである。それゆえ、他の分野における蓄積と並んで、感情の歴史的積み重ねが生み出す未来を考察するために、今日の文化における重要な二つのメディア――子ども向けの本とコンピュータ・ゲーム――について考えてみよう。どんな将来が見込まれるのかを測る助けとなるだろう。

成功からの課題

二〇〇七年、西オーストラリア大学の卓越センターは、七年計画で感情史を研究するための政府助成金二四二五万ドルを獲得した。他の同様のセンターも（もう少し小規模ではあるが）潤沢な資金を得ている。この関心の高まりと資金の獲得はどのように説明できるだろうか。そして、その結果はいかなるものか、あるいはいかなるものになりそうだろうか。

最初の質問には簡単に答えられるだろう。（西洋世界に暮らす）私たちは感情に熱狂する時代を生きている。二〇一七年四月のある一週間のあいだに、『ニューヨーク・タイムズ』は感情に言及する三七の記事を掲載しているが、それに対し、例えば一九四五年の同時期では四本だった。国際連合は、「ハピネス・デイ」を後援している。二〇一七年の世界幸福度白書では、ノルウェーが「世界幸福度ランキング」で「トップ」であると宣言されている。グーグルのNグラム・ビュアー（Ngram Viewer）は、一五〇〇年から二〇〇八年までの出版物における単語の頻出度をユーザーが調査できるものであるが、英語で書かれた本において「感情的 emotional」という単語の使用は、一九二〇年から二〇〇〇年のあいだに二倍以上になっている。なぜ感情が文化的強迫観念となったかはまた別の問題であり、間違いなく幅広い解答が必要だろう。しかしながら、人間の条件を説明することに一九世紀の偉大な理論的構成概念や、伝統的な宗教的見解が失敗したことが、主要な理由であろう。感情は、不可避の社会的、政治的、あるいは宗教的法則によって支配されていると考えられてきたものに取って替わる説明となったのである。(10)

こうしたすべての後押しの結果が、出版の洪水である。多額のお金がある分野に投入され、組織も個人も資金の継続を望み、出版社は本を必要とし、雑誌は論文を必要とすることで、新しい出版物への期待が非常に高まる。それも大量に。この成長分野への新しい貢献すべてを歓迎しないことは難しいが、その多くが互いにそううまくは合致しない断片的なものであることもまた事実である。『のんびり教師』の中で、マギー・バーグとバーバラ・K・シーバーは、この傾向が感情というテーマに限定されるものではないことを示唆している。よりゆっくりした出版スケジュールとより少ない出版数を勧める彼らの本にも、ある感情的目的がある。つまり、——学生、教員双方にとっての——アカデミック・ライフにおける不安とストレスを軽減させるというものである。(11)

メディア

教室を出れば、他のあらゆる文化的催しと経験がある。子どもたち——それは私たちすべてでもある——は、本、新聞、雑誌、ラジオ、テレビ番組、音楽、映画、ゲームから学ぶ。これらのメディアの多くが、いまや、明示的にせよ暗示的にせよ、感情科学の強力な通信機である。しかし、クリエイーたちは、感情史が提供する新しい広がりと概念的道具をまだ利用していない。

今日の子ども向けの本の多くがひそかにエクマンのパラダイムをなぞっている。必ずしも六から七(『私の感じ方(邦題：きもち)』によれば一三)の基本感情に忠実ではないにしても、それぞれの感情を表情(そして、しばしば色)と結びつけている。『雨が降る月曜日に』は、シナリオを作り、それら一つひとつに正しい感情を結びつけるという形で、エクマンの元々の実験を大きく反映している。例えば、「雨が降る月曜日、母は僕に外で遊んじゃだめよと言った。青いチャイムがついた新しい赤い自転車に乗って友達のマギーの家に行きたかったのに」。(次ページ)「残念」(次ページ)子供の残念がっている写真。その子は本の中であらゆる感情のためにポーズをとっている。エクマンの説は、ソーシャル・ネットワーク上で撒き散らされ至るところを駆け巡る「顔たち」である、現在の絵文字の大流行とも繋がっている。おそらく一九六〇年代に最初に流行った「スマイリーズ」として知られるこれらの顔は、いまや、必ずしも元々の明るいメッセージだけでなく、多種多様の感情を意味している。(12)

絵本作家たちは、エクマンに限らず他の認知理論にもしばしば基づいて作画している。コーネリア・モード・スペルマンの『ぼくが怖がるとき』で、子グマは自分を怖がらせるすべてのもののリストを作る。「ぼくは、大きなうるさい音がするとき、こわい」と子グマが言う一方で、絵はその時の反応を示している。子グマはしゃがみこみ、手で耳を覆う。それから、恐怖に対する解決策を見つける。母グマにぎゅっとしてもらうのだ。あるいは、いろいろとお話しをする。あるいは、誰もがときには怖がるのだと学ぶ。恐怖に対処することには、恐怖の元を避けることも含まれる。そこで、子グマは思う。「ぼくは高すぎるところに登るべきじゃない、くるまの近くであそんじゃだめだ、火にも近づかない」。この本は、『私の感じ方』シリーズの一冊で、他にも怒り、心配、嫉妬、悲しみ（ほかの感情もある）が取り上げられている。そして、自分の感情（とくにそれが居心地が悪かったり恐ろしいものであるとき）を特定しうまく付き合う術を学ぶことは、他の学びと同じくらい大切なことだと、親に説明する。(13)

ジェイムズ学派の説は、『おこりんぼうのタコさん』の中に表れている。子どもが「落ち着き、ストレスを軽減し、怒りを抑えるために、漸進的筋弛緩法と呼吸法をどのように使うか」を教えてくれるDIYの手引書である。社会構築主義の見方は、ロジャー・ハーグリーヴスの『ミスター・ハッピー（邦題：ハッピーくん）』に表れている。主人公はハッピーランドに住んでいる。そこでは、誰もが微笑み、幸せなのだ。彼は、ミスター・ミゼラブルと出会う。彼はハッピーランドの住人ではなく、いつもしかめっつらをしている。ミスター・ミゼラブルも本当は幸せになりたがっていることに気づき、ミスター・ハッピーは彼を自分のコテージに「しばらくのあいだ連れてきた。そしてその間、驚くべきことが起こった。ミスター・ミゼラブルはハッピーランドにいまや住んでいるので、だんだん不幸ではなくなり、幸せになり始めたのである(14)」。

これらの本は素敵ではあるけれども、エクマンの表情理論、認知理論、ジェイムズ学派のアプローチ、そして無意識の社会構築主義であっても、視野が狭く単純化されており、作者が望んでいるほど子どもたちの役に立つようにはなっていないと言わざるを得ないだろう。これらの作者たちにもっと歴史を読むようにと助言したりはしないが、歴史家のように、もっと気持ちの曖昧さや多様な襞を受け入れるようにして欲しいと思う[15]。

ゲーム制作者についても同様のことが言える。まさに今、認知心理学やエクマンの表情理論がこの分野を席巻している。まず映画について簡潔に述べよう。というのも、映画からコンピュータ・ゲームのクリエイターに感情的表現と喚起のための最も有効な技術のいくつかが提供されてきたからだ。しかし、映画も感情史を利用しているわけではない。せいぜい、過去を舞台にした映画に関して映画製作者が歴史学者に意見を求める程度である。例えば、一九八二年、ダニエル・ヴィニュ監督は、『帰ってきたマルタン・ゲール』においてナタリー・ゼーモン・デイヴィスに協力を要請した。この映画は、一六世紀頃に不在のマルタン・ゲールのふりをし、その妻と結婚し、彼の財産を得、子どもまでもうけたある詐欺師の話である。しかしながら、他のすべての監督と同様、ヴィニュは映画製作者であることを優先し、デイヴィスは歴史学者であることを優先した。映画が公開された後で、デイヴィスは、より正確性をもって事件を描くために本を執筆する必要性を感じた。彼女は次のように述べている。「読者のためではなく俳優のために書くという経験を通じて、一六世紀の人々の動機について新たな問いが生じた。つまり、彼らは、財産と同じくらい真実を重視していたのだろうか……同時に、映画は歴史的な記録から逸脱している。私は、それを悩ましいと感じた」。正確さとクリエイティヴであること（興行として当たるかどうかは置いておいて）がぶつかりあうのはこれが初めてというわけでもないだろう[16]。

この二〇年間、映画研究は、映画製作上の感情に関連する技術に光を当てようとしてきた。物語そのものの効果も含め、いくつかの側面が検討されている。登場人物の感情を「読む」（感情移入する）ためにクローズアップを使うこと。音楽が観客の感情に「合図を送る」やり方。映画や劇場があらゆる気持ちのために提供している安全な空間。映画製作側が概して彼ら自身の感情的レパートリーと直感を頼りにするのに対して、批評家は(常にではないにしろ)大方の場合、感情の認知主義的な見方を重視する。つまり、エイミー・コプランの言葉を借りれば、「認知主義的な映画理論は、フィクション映画の物語に対する観客の感情的反応について豊かな業績を積み重ねてきた。しかし、その多くは、想像的あるいは認知的評価を含む洗練された感情的プロセスに着目するものである」。彼女にしてみれば、「より原始的な感情的プロセスとリアクション」を付け加えるべきなのであり、それは、エレーヌ・ハットフィールドのような社会心理学者が発展させた「感情的伝染」概念のことである。つまり、認知主義的なメンタル機能評価と行為準備性についての理論だろうが、周囲の人々の感情が伝染するという考えだろうが、映画批評家たちは感情史の教えを全く考慮していないのだ(17)。

現代のゲームは、多くの点で映画と類似する。技術とデザインの目覚ましい向上により、プレイヤーは無二の映画的体験をすることができる。二〇〇四年時点ですでに、デイヴ・モリスは、高められた美的クオリティに加えて、ゲームは内容においても改良され、「深さ、美しさ、そして感情を獲得した」と述べている。ゲーム会社クワンティック・ドリームのギヨーム・ド・フォンドミエールはかつて次のように言った。「我々の仕事は映画のようだ。というのも、映画というのは、一定程度、登場人物に、つきつめれば感情に多くを拠っているからだ」。ゲーム・デザイナー、評論家、コメンテーターが、電子的で技術的なゲームの形を超えるような「プレイ体験」について考えるようになった時点から、感情はその中心テーマとなった。どのようにゲーム・クリエイターはプレイヤーの感情を引き出したのだろうか。どのようにスクリーン上のキャラクターたちの生(と死)にプレイヤーを巻き込んだのだろうか。ゲームの物語的側面とプレイヤーにもたらされる鮮明な臨場感が主要な道具となる。確かに、ベルナール・ペロンとフェリックス・シュレーターが鋭くも指摘するように、「ゲームのセリフと物語がより重要になった時、ゲームにおける感情はゲーム研究およびデザイン研究の主要テーマになった(18)」。

この変化は、少し前から始まっていた。すでに二〇〇〇年に、スティーヴン・プールは、ゲームの「感情的インパクトのニュアンスを双方向的に拡大させたい」と考えていた。そのためには、「プレイヤーの本当に間抜けな選択からさえもおもしろくて興奮するようなストーリーを生み出すことができるようなゲームを構築する必要があり、それは、非常に難しく、おそらく達成できないように思える挑戦だった(19)」。確かに、この挑戦はゲームの物語とプレイ方法の双方に大きな発展をもたらした。しかし、プレイヤーの臨場感は「間抜けな選択」の範囲を超えて増したのだろうか。そして、こうした進化は、プレイヤーの感情経験をも豊かにしたのだろうか。

仮説の上では、ゲーム開発者と専門家たちはあらゆる感情や感情理論を自由に利用することができる。現実には、彼らは自ら利用の範囲を狭めている。スタンフォード大学で心理学を学び、XEODesignを一九九二年に設立したニコル・ラザッロは、自身を「プレイヤーの経験を測るために顔の表情を使用した最初の人物」と位置付けている。エクマンに大きな影響を受けたラザッロのグループは、二〇〇四年に、ゲーム体験をより魅力的なものにするために開発者が感情を構築するのを助ける「楽しむための四つの鍵」という実用モデルを完成させた。「数百のプレイヤーの表情に基づくこの最先端の研究は、今後のゲーム制作において基礎となるだろう」と、彼女の会社のウェブサイトは謳っている。彼女の研究は、その一年前に出版されたエクマンの『暴かれる感情』における拡張された「基本感情」のリストを反映させ、三〇以上の感情を扱っている。ラザッロが書いたのは二〇〇四年だが、今日においてもエクマンの考えは、ゲームのなかに感情が書き込まれる際の概念規範として支配的位置を占めていると言える。少なくとも、二〇一六年に創設されたエモーショナル・ゲーム・アワードの受賞者の一人で、「ゲームとＶＲに感情を注入する」専門家と自らを称するエリック・ゲスリンは、ポール・エクマン・グループによって定められたＦＡＣＳ（Facial Action Coding System）プログラミング専門家の資格を持っている[20]。

他のゲーム・コンサルタントたちは、デイヴィッド・フリーマンが言うところの「生命そのもの」を利用している。映画のシナリオ執筆の経験を生かし、フリーマンは感情を喚起する人物造形と物語を通じて感情的なゲームを制作する技術を開発した。この技術は、総称として、感情《エモーション》とエンジニアリングを結び付けたエモショニアリングという造語で呼ばれる。フリーマンのウェブサイトは、ゲーム産業に従事する人々に彼の専門技術を宣伝するもので、ゲームが感情的に目を離せないものであるとき「そのゲームはプレイヤーをもっとバズらせるのだ」と説明している。彼はさらなる強みを数え上げている。報道で幅広く注目されること、売り上げ増加、そして、より幸福な労働力さえも。なぜなら、彼によれば、そうなればゲーム開発者は自身の仕事に「より情熱を注げるようになる」からだ。エモショニアリングは三二のカテゴリーで三〇〇の技術を提供している。例えば、「主人公に深みを与える技術」は、プレイヤーのキャラクターであるアバターに感情的に難しい選択を迫る方法を取り

上げている。「筋書きを深める技術」では、感情的に力強い物語を創造する方法を教えている。(21)

『コンピュータ・ゲームとマインド』の中で、ペロンとシュレーターはフリーマンやその他の感情的ゲーム設計の理論家たちを批判している。なぜなら、彼らは「自分たちの感情概念に根拠を与えることに理論的に失敗した」からだ。ペロンとシュレーターは、より最近のゲーム理論は、映画理論と同様に、認知主義に基づいているがために、より良く根拠づけられていると考えている。彼らの楽観主義にもうなずける部分はある。これまでゲーム開発者は、プレイが求める行動や相互作用の中で生じる感情にもっぱら着目してきたので、結果として興奮や楽しみをメインに考えていた。しかし、開発者は今ではさらなるものを求めるようになり、映画に触発され、より目が離せない、感情的に巻き込まれる物語を発見するようになった。この発展に伴って、ペロンとシュレーターは、ゲームに対して映画理論の認知主義的アプローチを応用した。彼らの言葉によれば、認知主義は「同一化、感情移入あるいは気分といった一筋縄ではいかない概念にできるだけ理解可能な説明を与え、ゲームのような双方向的作品が喚起する感情を理論化することに非常に適している」。さらに、ゲームは直接的に身体に関わるものなので――キャサリン・イスビスターの近著『いかにゲームは私たちを動かすか』はまさにこの点を詳しく扱っている――、彼らは「近年の身体的転回によって、認知主義的メディア研究は、ゲームと身体の複雑な関連の仕方についての叙述により適したものとなった」と述べている。関連の仕方としては、少なくとも、キーボード、マウス、ゲームパッド上の腕や手、手首を含む。あるいは、モーション・ゲームでは体全体が用いられる。要するに、ペロンとシュレーターは、彼らの本の執筆者による共同成果に「認知主義的ゲーム研究」というラベルを貼り、「この研究は、ゲームや遊びのカルチュラル・スタディーズ、プレイヤーやプレイすることに関する哲学的・現象学的視点、あるいは情動と感情に関する実証研究といった他のパラダイムから孤立するものではない」と強調している。しかし、言うまでもなく、感情史はこの華やかな集いに招かれてはいない(22)。

もしプレイ、物語、プレイヤーの主体性、感情移入、道徳的評価、感情的関わりといったすべての重要な要素を含むゲームがあるとしたら、それは、『バイオショック(BioShock)』である。これはIrrational Gamesが開発し、2Kが二〇〇七年に発売したソフトで、大成功を収めている。主人公ジャックがディストピア的海底都市ラプチャーを生き抜くストーリーで、プレイヤーはある決断を迫られることになる。超人的能力を獲得するためにリトル・シスターズと呼ばれる少女たちが持っている必要物質を「収穫する」か、リトル・シスターズを死に追いやってしまう乱暴な収穫を行なわないか、という選択である。ゲーム全編で何度も繰り返されるこの選択は、異なる三つのエンディングに繋がる。終幕のカットシーンで、登場人物の一人の声が聞こえる。もしプレイヤーがすべてのリトル・シスターズを助けていたなら、賞賛を示す。もし彼女たちをみな収穫していたら怒りを示す。そして、幾人かを助け、残りを収穫していたら、悲しみを示す。すべてのリトル・シスターズを助けた場合の報奨は、「家族」である。少女たちは成長し、教育を受け、結婚し、(プレイヤーのアバターである)ジャックの死の間際にはそのベッドの周りに集まり、彼の手を握る。ゲームの中の子どもの登場人物に関する研究において、スザンヌ・アイクナーは、彼らの役割は、プレイヤーに同一化の作用を生み出すというよりも、プレイヤーに子どもたちへの共感、気遣い、心配、喪失感、さらには親としての関心まで、幅広い感情移入的反応を引き起こすことにあり、すなわち、それはゲーム全体の感情的環境に

図 8　『バイオショック』のスクリーンショット
『バイオショック』の最後のゲーム内ムービー（非双方向性シークエンス）を写したこのスクリーンショットでは，リトル・シスターズの一人——彼女は映画的しきたりをなぞるような表情を示している——，ジャックにラプチャーへの鍵を渡している。ハッピーエンドではジャックは鍵を拒否し，その時登場人物の一人であるテネンバウム博士のナレーションは感謝に満ちたものとなる．（2K Games）

影響を与えている、と論じる。リトル・シスターズについて、アイクナーは、どのようにプレイヤーが「大きく見開かれた目をした顔のクローズアップ、怯えた表情、身体を丸めて泣いている少女たちのイメージの繰り返しといった、映画的仕掛けのセットに向き合うことになるのか」を指摘している。これらは子どもの無邪気さを示す一連の定式である（図8参照）。哲学の講師でありゲーマーでもあるグラント・タビノールがこのゲームに関する自らの経験を述べた内容を聞けば、『バイオショック』のクリエイターたちは大変満足するであろう。「私はリトル・シスターを収穫することはできなかった。そうしようと考えること自体が、私をムカつかせた。そして、私は彼女を救った。そして、その瞬間、バックミユージックと私自身の感情が膨れ上がった

のである」。タビノールは、このゲームが「自由意志と道徳の尊重」の点において際立っているとさえ述べている。(23)

これらの問題をここでじっくり考えてみよう。ゲームは閉じたシステムであり、そのルールは初めからクリエイターたちによって決められている。プレイヤーは、そのルールの中を航行し、やがてゴールにたどり着く。ゴールはあらかじめ決められており、プレイヤーが何をし、どんな選択をしようと、ゲームを制作した者たちによって決められた以上のことは実際には起こりえない。もしプレイヤーのアバターが死んだとしても、彼は(何度でも)生き返りゲームを再開できる。もし彼が収穫しても、していなくても、ゲームは終わりを迎える。『バイオショック』の唯一の「ひねり」は、それぞれのエンディングのトーンが微妙に違う点である。ロバート・ジャクソンはそれゆえ収穫するかどうかの決定を「強制的選択」と呼ぶ。プレイヤーによるどんな選択も「機能的」なものであり、それはゲームをエンディングに向かわせる。批評家たちは『バイオショック』におけるプレイヤーの「主体性」に拍手喝采した。そして、上で述べたように、タビノールはその道徳的価値を賞賛した。しかし、ジャクソンの意見はこうした賞賛に追随するものではない。ゲームは制作者に完全にコントロールされているのであり、プレイヤーの入り込む余地はないというのだ。ジャクソンは問う。「プレイヤーの行動が常に前もって決められているのに、決定したり、自ら解釈したり、介入したり、システムを変更するようなことがどうしてできるだろうか」。『バイオショック』のクリエイターであるケン・レヴィンが「プレイヤーに指揮権を与えた」と述べたことに対して、ジャクソンの回答は決定的だ。「興味深いことに、レヴィンなどのゲーム・デザイナーたちは自らを不安定な立場に追い込んだ。彼らはプレイヤーに指揮権を与えたが、真に選択する自由は与えていないのだ」[24]。

ゲーム・クリエイターの真の指揮権とは、彼らのポリティクスと理想がゲームに反映されていることにある。それは、ゲームの中で表現される感情やプレイヤーに喚起される感情にまで拡大している。感情のストックの少なさは、プレイヤー側に、知らず知らずに、クリエイター自身の限られた感情的想像力を露呈させる。批判やなにか目からウロコの示唆のつもりでこのようなことを言っているのではない。インタビューの中で、ケン・レヴィンは、「私は鬱傾向があり、常に不安を抱えている脳を持って生まれた。常に後悔でいっぱいだ。そして、「将来的にこの後悔をましにするためにはどうすればいい？」と問うのだ」と述べている。ここに示されている感情に関する前提――感情は脳にあり、それはシンプルであり、それは行動を引き起こす――は、認知主義者の見方である。彼らは、現在主義者で、普遍主義者でもある[25]。

しかし、なぜ感情はそうであってはならないのか。なぜなら、ゲームはただのゲームではないからだ。子ども向けの本のように、ゲームが描写し喚起する感情は、私たちに、自分の感情について考えたり、理解したり、感じたりするためのモデルを提供する。これらのモデルの限界は、私たち自身の限界となる。今まさに、私たちは、心に抱く感情を表現するための「普通で」「正しい」やり方があると教わっている。これらの感情には単純なラベルが貼られている。つまり、幸福、怖れ、怒り、といったような。私たちが覚える感情の混乱――つまり相反する感情、エモーティヴ、そして歴史のすべて――から、私たちはひとつの感情を選ぶこと、そしてひとつのやり方で感じる自分自身を理解することを学んでいる。私たち自身のレパートリーと理解の領域がこのように非常に狭められていることとは、私たちを傷つける。

脳の「秘密の生活」に関する最近の著作の中で、神経心理学者のリサ・フェルドマン・バレットは、感情が普遍的で、ハードウェアに組み込まれた反応をし、それぞれの感情は脳の特定部位によって引き起こされる、という「古典的見方」に挑戦している。「私たちは、感情がなんであるかということ、どこから来るのかということについて、新しい理論が必要である[26]」。バレットが科学を頼りにしているように、私たち感情史家もその「秘密の生活」を明らかにするために、感情の歴史を見ているのだ。私たちは、感情がその中に、過去、現在、未来の意味を含んでいることを知っている。すなわち、感情は一つではない(一つの「怒り」、一つの「怖れ」というものはない)。感情は、単に(ダーウィンがすでにそう言っているように)「体を通じて」表現されるだけではなく、長い時間をかけて習慣となった身体的実践を通じて表現されるのである。そして、感情は、共同体によって異なる。

単刀直入に言ってしまおう。感情生活についての考えに革命を起こす時だと、私たちは考えている。教育者、政治家、宗教的リーダー、親、そしてメディア・クリエイターたちは、感情の歴史を考慮すべき時だ。彼らは、人間の条件や社会についての知識、合意、助言を広める人々だ。これは理論上の話ではなく、私たちの日々の生活に常に関わってくることなのだ。友達が「幸せだ」と言うとき、私たちはその顔が笑顔で輝くのを待つ必要はない。逆に、友達が何も言わずに微笑んだときに、私たちは友達は幸せなのだと単純には推測できない。私たちは、友達の幸せ、そしてその表明が、近代社会の要請と結びつく比較的新しい出来事だと分かっている。そして、経済的独立というかつての意味合い、あるいは天国の至福という同様に古い観念が、そこに息づいているのを知っている。私たちは友達の幸福が本物ではない可能性、それがこの友達が時機が来たら公言する、あるいは自分の内に秘めておくかもしれないより多様な感情の一部である可能性を考える。また、この幸福に関する私たちの理解というものが、この友達がどのように自分の感情を表現する傾向があるのか、幸福が友達のレパートリーの中でどのような位置にあるのかということに拠ることも理解している。同様に、もし子どもが「私は不幸せだ」と言うなら、その子にしかめっつらをするようには言わないだろう。その子の「不幸せ」という言葉がその子の言いたいことの最後だとは思わないだろう。その子の涙がより多くの痛み、しかし同時に喜びをも与えることを分かっているだろう。その子が徐々に他の感情も表現するようになることを、私たちは期待するだろう。そして、私たちが恋をするとき、愛する人に触れたいと思うとき、もしくはそれをためらうとき、この渇望が示すすべてのものの中に、愛についての多くの意味をめぐる長い歴史があることを分かっている。私たちの愛は、欲情、犠牲、そして愛の排他性へのロマンチックな考えと古くから結びついている。私たちは、愛が、怒り、怖れ、メランコリー、あるいは見せかけの無関心を伴うものであったとしても驚かない。

私たちは皆、自分たちの感情がいかに力強く、深く、複雑であるかを知っている。感情史は、なぜ、どのようにそうであるのかを理解することの手助けとなる。そして、感情史が、私たちが日々の感情を理解し生きるやり方の中に浸透すれば、それは、私たちを悩ませる感情とうまく付き合うことも助けてくれるだろう。

結論

一日の終わりであっても、多くの人々は仮面を着けていなければならない。演じているときだけ、人は文字通り仮面を取るのである。

ヴァイオラ・デイヴィス、ジョン・ラール「恩寵」『ニューヨーカー』
(二〇一六年一二月一九・二六日号)六四頁より

私たちは、感情史を通じて自身の感情生活がよりよく、少なくともより理解しやすく快適なものになると主張してきた。そうであったとしても、厄介な問いが残っている。史料に耽溺する感情史家たちは、はたして本物の感情について語っているのだろうか。彼らは、感情経験について何か有効なことを言えているのだろうか。

トマス・ジェファーソンは、友人でありヴァージニア州の政治家でもあったジョン・ペイジに宛てた一七六二年の手紙の中で、ユーモアを交えつつ自身の苦悩を詳しく語っている。ネズミが彼の手帳を食べ、家の屋根の水漏れが時計を水浸しにし、好ましく感じていたある若い女性の肖像写真もだめにしてしまった。最後に彼は尋ねる。「この世に幸福なんてものがあるのだろうか。いや、ない」。一三年後には幸福の追求は人間の奪われることのない権利であると書くことになる男から出た言葉である！　独立宣言の中のジェファーソンの「幸福」は言うまでもなく、手紙の中の彼の「不幸」も真の感情ではないと、私たちは果たして考えるべきなのだろうか(1)。

何が感情を本物あるいはそうではないと決めるのだろうか。今日では、「真正性」を決定する様々な「テスト」がある。テレビ番組『ライ・トゥー・ミー（私に嘘をついて）』は、ポール・エクマンの理論を用いて、出演者の顔の表情が本物の感情を露わにしていると示そうとする。脳のｆＭＲＩスキャンが脳のどこに感情が存在するかを明らかにしてくれると考える科学者たちもいる。心拍と皮膚コンダクタンス反応は感情を裏切ることがあると言われている。とはいえ、こうした感情のサインが有効であるとしても、これらは感情ではない。その意味では、これらは、言葉と同様に、感情に関わる何かであるけれども、感情それ自体ではないのだ。さらに言えば、すでに見てきたように、感情はただ一つということはなく、その流れの中で、対立するように見えるものも含めあらゆる可能性があるのである。ヴァイオラ・デイヴィスが演技しているときだけ人は仮面を外すと言った時、彼女は作り事こそ感情が最もリアルになる場だと言っているのである。私たちがいかに真正性と信憑性への強迫観念を抱く時代に生きているとしても、感情が本物かどうかは決して知りえない。この問いは私たちをどこへも連れていきはしないのである。

歴史家は研究対象者の脳をスキャンすることも、皮膚コンダクタンス反応を測定することもできない。たとえできたとしても、そこに「本物の感情」を見ることはないだろう。しかし、歴史家はコンテクストを問うことができる。幸福について言えば、当該の時代における、この考え、あるいはむしろ概念――つまり幸福から派生するものと意味のすべてを含む――の他の例を収集することができる。ここまで手短かにジェファーソンの周辺における幸福について見てきた。続いて、詩人にして音楽家のラ・コンテッサ・デ・ディアが一一八〇年代に書いたものを取り上げよう。

真の歓びは私を嬉しくさせ、
そして、私は一層陽気に歌うのだ(2)

彼女の「真の歓び」は本物だと信じるべきだろうか。彼女は明らかにそうだと言っている。しかし、彼女がそのように主張する理由を探らなければならない。彼女は私たちを楽しませたいのかもしれないし、その詩的才能で私たちを感心させたいのかもしれない、あるいはパトロンを見つけたいのかもしれない。私たちは彼女の歓びが彼女自身にとって本物であるかを判断できない。しかし、ラ・コンテッサと同時代の同じ地域の他の詩人や音楽家、神学者や哲学者の書き残したもの（そしてそれほど高尚ではない諸々の文書）を読むことで、彼女やその同時代人たちは、私たちと同様に、「真の歓び」のような何かがあると考えており、それを感じることができ、それは、笑顔で表現されるのではなく、時に陽気な歌によって表現されると考えられていたと、私たちは確信を持って言うことができる。つまり、「本物」かどうかという問いは袋小路に行きつくとしても、ラ・コンテッサの感情について私たちはかなりのところまで言うことができるのである。

たとえ私たちが見ているのが感情のその場限りの効果であったとしても、それでも、私たちはそうした感情の効果というものが存在し、それがとても力強いことを理解している。それを研究することが難しいとしたら、その範囲が多方面にわたるからだ。実践、コミュニケーション方法、説得法、行動決定の要素、思考決定の要素などなど。こうした諸々を歴史家は実によく研究する。確かに、中世史家リュディガー・シュネルは歴史的に感情を研究することは言葉の意味における矛盾だと述べた。彼にとって、感情は生の中に存在するものであり、「生身」の人間を対象とする心理学者、神経心理学者、社会学者、哲学者といった専門家たちの領域に属するものだった。シュネルによれば、歴史的史料は、「本物」の感情を捉えるにはあまりに限られたものなのだ[3]。

こうした考えは無意味だ。現在過去にかかわらず、感情に関わるどんな史料も研究も、「本物」の感情に達することがゴールであるとするならば、限界がある。なぜなら、ヒッグス粒子のように、感情は他者には間接的にしか知られないものだからだ。私たちは、自分たちがどのように感じるかを知っている(あるいは知っていると思っている)。しかし、他者が私たちの感情を直接知ることができることなどあり得るだろうか。ヒッグス粒子はあらゆる物質で自身の存在を示すが(だからこそ理論化から始められたのだ)、その存在は他の粒子に変化することでしか確認されない。感情は、思考、身体的変化、言葉、実践、行動を通して露わになる。それらすべては、すでに歴史研究の主題であり、感情というテーマに光を照らしてきた。

さらに、この本が苦心して示してきたように、私たちは自分たちの感情をその歴史を考慮することなしに真に理解することはできない。感情史は、感情に接近し、評価し、さらには定義づける新しい方法を提供するのだ。恐怖に対する感情論的アプローチは、アメリカ合衆国における九・一一後の安全保障と監視体制を説明するのに役立つ。感情の避難所の概念は、私たちにフランス革命の原因とその結果を理解するための新しい方法を示す。感情の共同体の概念は、レヴェラーズと呼ばれる急進的政治集団が一七世紀イングランドに出現したことに関する新たな視座を提供するが、彼らは自由と幸福を強調する政治プログラムのために急進的プロテスタント教会の感情と実践に訴えたのである。かつては「衝動的」と判断された行動は、行為遂行的《パフォーマティヴ》として意味を持つようになる。もし感情史は何かという問いに答えがあるのだとすれば、それは、人類の歴史の展開と私たち自身の生活において感情が果たしてきた、そして果たすであろう多様な役割についての継続中の議論だということである。

目の前に何の問題も課題もないと言いたいわけではない。しかし、この結論部分において、この分野が達成したことについてまとめておきたい。社会的・認知主義的要因を重視する心理学的感情理論が新たな分野として誕生した結果、感情的基準、感情体制、感情の共同体、そして感情的パフォーマンスのレンズを通じて社会とその変化を分析する新たな種類の歴史学を創出した歴史家たちがいた。最初の三つは、他の歴史的足跡よりも文字史料を重視する傾向にあり、身体よりも、助言、弾劾、規範に関わるような言葉を分析対象とした。しかし、四番目は、文字史料にも依拠しつつ、感情を表現し、それによって政治的支配を保つ際の身体(とりわけ支配者の身体)の役割に力点を置いた。

ほどなく、多くの歴史学者が文書や言葉が重要視されることにいら立つようになった。彼らは、心理学者が行なうように、身体に興味を持ち、痛みを研究対象としたり、そのジェンダー性を扱うようになった。一連の歴史家は、言葉の重要性を否定するわけではなかったが、それ以外の史料を収集することが歴史家にとって重要だと考え、それらに基づいて、言葉を生み出す過程、言葉を伴う身振りや言葉が暗示する行動において、身体がどのように機能するかを考えることを望んだ。あるいは、感情を生み出し、形作り、表現する場所や空間の意味について考えようと、空間を考慮対象に入れる歴史家たちもいた。他の一団は、情動理論に依拠し、言葉を必要とせず、空間の影響のみを考慮して研究することができると考えた。最近では、言葉が(ほぼ)存在しないとき、いかに物質そのものが他の(人間の)身体と感情レベルで相互作用を起こす「身体」でありうるかという点を探求している。文字史料を使いつつも、イメージに重点を置く歴史家もいる。あるいは、対象をより広範な文化的コンテクストの上に置き、それらが表現し喚起する感情を明らかにしようとしている。

この分野において全般的に必要なことは、二分法を排することであり、それは絶対である。二分法の一つは科学者と歴史学者のあいだの断絶であるが、これは双方が互いに感情の起源や意味に関心を持っていることを考えれば、想像しづらい断絶である。心理学的構築主義者が概念化について語るとき、彼らは周辺の歴史的コンテクストの生物学的影響について考えている。別の二分法は、その二つが分離可能であるかのようにテクストよりも実践を重視する態度だ。感情史は、(主に第2章で論じた方法論のように)テクストに依拠してきたが、(第3章で論じたように)この信頼に対する逆反応も起こっていることは、本書を読めば明らかである。しかしながら、ローゼンワインが一五世紀のブルゴーニュ公国の都市における支配者の「降誕祭」に関して述べるとき、彼女はそれを喜びを生成する「実践」として扱った。そして、シェーアが一八世紀のイングランドのメソジストの「身体的実践」を描写する時、彼女は、これらの実践を発見するためにジョン・ウェズリーの説教のような文書史料を幅広く閲覧した。身振りも言葉も、結局のところ、文化的生成物なのである。将来の歴史家たちはどちらかを選ぶ必要はなく、そのほうがよい。同様に、物質文化は、絶対にそのコンテクストから離れることはない。人は物質を作り、それを使い、それに影響を受けるのである。その物質が現存したとしても、それはかつてと全く同じものではなく、その意味も同じものではない。物質やテクストを解釈するには、同様の努力と問いが必要なのである。「男性」「女性」といった概念が問題化され乗り越えられるように、「言葉」や「身体」も決して本質化されるべきではないのである。どちらも発話の形式であり、同時に実践の形態なのである。同様に、心理学者と感情史家はもう一つの二分法を越えるのにこれまで苦労してきた。つまり、心と身体の二分法であり、これは私たちの文化に根深い。この二分法が例外的に長期にわたって継続しているのは、部分的には、理性を感情と対立させ、意図を自動と対置し、制御を衝動と相容れないものとしてしまう、多くの装いのせいである。これらの対立はきわめて自然なものに見える。なぜなら私たちの文法にまさに埋め込まれているからだ。しかし、私たちは、二分法への特効薬が常に全体論であると考えてはならない。身体と心、感情と理性の関係性は、もっとずっと複雑なものなのである。キュリー・ヴィラーグは、（前四七五―前二二一年の）戦国時代の中国において、感情は認知とは異なるものと理解され、それでも認知に達することが重要だと考えられていたと指摘している。さらに、身体（特に心臓）は「認知と感情の拠点」と認識されていた。当時の中国の中心的思想においては、「これら二つの機能のあいだに緊張が見受けられるが、同時に、最高レベルの倫理的到達とはその二つの融合だと認識されていたことを、私たちは発見した」。一三世紀の西洋では、スコラ哲学者のトマス・アクィナスもまた感情は美徳を完成するのに必要なものだと考えていた。これらの思想家たちは、全体論ではなく、繋がりや連続性を論じていたのである。[4]

感情史という領域は、テクスト、実践、身体、物質、空間を隔てる区分を超えて、胎動している。感情は、境界を交差させ、あらゆる接点において私たちの生を揺り動かし、古い習慣に貼りついている形態を時間をかけて変化させる。この複雑さを明らかにすることが感情史の仕事であるが、そこから導き出される教えはすべての人のためのものである。

注

参照した邦訳は出典を掲げた。原則として引用は既訳に基づくが、一部改めたものもある。

序章

*トルストイ『アンナ・カレーニナ(下)』中村融訳、一九八九年、岩波文庫、三九四頁。ウィリアム・シェイクスピア『新訳オセロー』河合祥一郎訳、角川文庫、二〇一八年、一五二頁。

(1) この分野の概観として最も重要なのは、次の文献である。Jan Plamper, *The History of Emotions: An Introduction*, trans. Keith Tribe (Oxford, 2015).〔ヤン・プランパー『感情史の始まり』森田直子監訳、みすず書房、二〇二〇年〕。近世史研究者は、最近、以下を手に入れた。Susan Broomhall, ed., *Early Modern Emotions: An Introduction* (London, 2017).

(2) 感情の哲学的アプローチに関心がある者は、以下を手始めに読むと良いだろう。Robert C. Solomon, *The Passions* (Garden City, NY, 1976). 彼が編纂したより新しいものは、*Thinking About Feeling: Contemporary Philosophers on Emotions* (Oxford, 2004)。人類学的なアプローチの古典は、Catherine A. Lutz, *Unnatural Emotions: Everyday Sentiments on a Micronesian Atoll and Their Challenge to Western Theory* (Chicago, 1988)。文学的アプローチについては、以下を参照。Gail Kern Paster, Katherine Rowe, and Mary Floyd-Wilson, eds, *Reading the Early Modern Passions: Essays in the Cultural History of Emotion* (Philadelphia, 2004).

(3) シェイクスピアの遺言については、以下を参照。http://blog.nationalarchives.gov.uk/blog/shakespeares-will-new-interpretation.

第1章

＊ルイス・キャロル『鏡の国のアリス』河合祥一郎訳、角川文庫、二〇一〇年、一一〇頁。

（1）　やがては「感情」という用語に包摂されていく様々な言葉の重要な意味の違いについては、以下を参照。Claudia Wassmann, "Forgotten Origins, Occluded Meanings: Translation of Emotion Terms," *Emotion Review* 9/2 (2017): 163-71.

（2）　Aristotle, *Rhetoric* 2. 1. 8 (1378a), 2. 2 (1378b), in Aristotle, *The "Art" of Rhetoric*, trans. John Henry Freese (London, 1926), 173〔アリストテレス『弁論術』戸塚七郎訳、岩波文庫、一九九二年、一六〇―一六一頁〕. さらなるアリストテレスの理論については、以下を参照。David Konstan, *The Emotions of the Ancient Greeks* (Toronto, 2006).

（3）　Seneca, *On Anger* 2. 1. 4, quoted in Margaret R. Graver, *Stoicism and Emotion* (Chicago, 2007), 94〔セネカ『怒りについて　他二篇』兼利琢也訳、岩波文庫、二〇〇八年、一三一頁〕.

（4）　Augustine, *The City of God* 14. 6, ただし、以下より引用。Barbara H. Rosenwein, *Generations of Feeling: A History of Emotions, 600-1700* (Cambridge, 2016), 31〔アウグスティヌス『神の国(3)(アウグスティヌス著作集第一三巻)』泉治典訳、教文館、一九八一年、二二三頁〕.

（5）　こうした感情史の展開については以下を参照。Thomas Dixon, *From Passions to Emotions: The Creation of a Secular Psychological Category* (Cambridge, 2003). また以下も参照。Otniel E. Dror, Bettina Hitzer, Anja Lauötter, and Pilar León-Sanz, eds, *History of Science and the Emotions* = *Osiris* 31 (2016).

（6）　Paul R. Kleinginna, Jr., and Anne M. Kleinginna, "A Categorized List of Emotion Definitions, with Suggestions for a Consensual Definition," *Motivation and Emotion* 5/4 (1981): 345-79, at 355.

（7）　精神分析における感情の位置に関する考察として、以下を参照。Jorge Canestri, "Emotions in the Psychoanalytic Theory," in *From the Couch to the Lab: Trends in Psychodynamic Neuroscience*, ed. Aikaterini Fotopoulou, Donald Pfaff, and Martin A. Conway (Oxford, 2012), 176-85.

(8) Randolph R. Cornelius, *The Science of Emotions: Research and Tradition in the Psychology of Emotion* (Upper Saddle River, 1996), 1〔ランドルフ・R・コーネリアス『感情の科学——心理学は感情をどこまで理解できたか』齊藤勇監訳、誠信書房、一九九九年、一頁、訳文は本書訳者〕.

(9) 以下の文献の、情動に関するこれらすべての意味についての説明を参照。Rosenwein, *Generations of Feeling*. リーヴォーのアエルレドの情動の概念については、以下を参照。Damien Boquet, "Affectivity in the Spiritual Writings of Aelred of Rievaulx," in *A Companion to Aelred of Rievaulx* (*1110-1167*), ed. Marsha L. Dutton (Leiden, 2017), 167-96.

(10) Charles Darwin, *The Expression of the Emotions in Man and Animals* (New York, 1898 [orig. publ. 1872]), 280-1〔ダーウィン『人及び動物の表情について』浜中浜太郎訳、岩波文庫、一九三一年、三三六頁、訳文は本書訳者〕.

(11) G.-B. Duchenne de Boulogne, *The Mechanism of Human Facial Expression*, ed. and trans. R. Andrew Cuthbertson (Cambridge, 1990).

(12) オリジナルの調査は、Paul Ekman and Wallace V. Friesen, "Constants across Cultures in the Face and Emotion," *Journal of Personality and Social Psychology* 17 (1971): 124-9. 彼らは、以下において蔑みを追加した。"A New Pan-Cultural Facial Expression of Emotion," *Motivation and Emotion* 10 (1986): 159-68. 一九九〇年代にエクマンは「基本感情」を擁護する多数の論文を著した。その頂点に位置するのが、以下の回顧的な記事である。"Basic Emotions," in *Handbook of Cognition and Emotion*, ed. Tim Dalgleish and Mick J. Power (Chichester, 1999), 45-60. その五五頁で、彼は、楽しみ、怒り、蔑み、安らぎ、嫌悪、当惑、興奮、恐怖、罪悪感、何かを達成した誇り、安堵、悲しみ／不安、満足、感覚的喜び、恥を列挙している。彼は、これらすべてを顔の表情それ自体ではなく、「特徴的な普遍的信号」(四七頁)の多様性に結びつけている。

(13) 以下を参照。http://www.paulekman.com/micro-expressions.

(14) E. Richard Sorenson, *The Edge of the Forest: Land, Childhood and Change in a New Guinea Protoagricultural Society* (Washington, DC, 1976), 140; James A. Russell, "Is There Universal Recognition of Emotion from Facial

Expression? A Review of the Cross-Cultural Studies," *Psychological Bulletin* 114 (1994): 102–41; Russell, "The Contempt Expression and the Relativity Thesis," *Motivation and Emotion* 15/2 (1991): 149–68; Ruth Leys, "How Did Fear Become a Scientific Object and What Kind of Object Is It?" *Representations* 110 (2008): 66–104, at 88. 最も新しいものとして、以下を参照。Carlos Crivelli, James A. Russell, Sergio Jarillo, and Jose-Miguel Fernandez-Dols, "Recognizing Spontaneous Facial Expressions of Emotion in a Small-Scale Society of Papua New Guinea," *Emotion* 17/2 (2017): 337–47. これは、現地住民のあるグループが自発的に示した表情が、他のグループによって、エクマンの予想に合致するようには解釈されなかったことを明らかにした。

(15) Taylor J. Keding and Ryan J. Herringa, "Paradoxical Prefrontal-Amygdala Recruitment to Angry and Happy Expressions in Pediatric Posttraumatic Stress Disorder," *Neuropsychopharmacology* 41 (2016): 2903–12. 用いられた表情のサンプルは、別個の記録として、別冊資料のなかにある(別冊の図1を参照)。

(16) Sebastian Jongen, Nikolai Axmacher, Nico A. W. Kremers, et al., "An Investigation of Facial Emotion Recognition Impairments in Alexithymia and its Neural Correlates," *Behavioural Brain Research* 271 (2014): 129–39.

(17) William James, *Principles of Psychology* (Cambridge, 1890), 2: 446–85, オンライン版は以下による。http://psychclassics.yorku.ca/James/Principles/prin25.htm, at 452〔ウィリアム・ジェームズ「情動」南條郁子訳、梅田聡・小嶋祥三監修『〈名著精選〉心の謎から心の科学へ　感情』岩波書店、二〇二〇年、四八―五一頁、訳文は本書訳者〕(強調は原文). William James, "What is an Emotion?" *Mind* 9 (1884): 188–205, at 189–90, オンライン版は以下による。http://psychclassics.yorku.ca/James/emotion.htm(強調は原文).

(18) James, "What is an Emotion?" 192; James, *Principles*, 448〔ジェームズ「情動」四五―四六頁、訳文は本書訳者〕.

(19) ジェイムズ理論の遺産を要約する論文集と今日におけるその重要性については、以下を参照。*Emotion Review* 6/1 (2014): 3–52. A. R. Damasio, T. J. Grabowski, A. Bechara, et al., "Subcortical and Cortical Brain Activity during the Feeling of Self-Generated Emotions," *Nature Neuroscience* 3/10 (2000): 1049–2000.

(20) Magda B. Arnold, *Emotion and Personality*, vol. 1: *Psychological Aspects* (New York, 1960), 171. Agnes

Moors, Phoebe C. Ellsworth, Klaus R. Scherer, and Nico H. Frijda, "Appraisal Theories of Emotion: State of the Art and Future Development," *Emotion Review* 5/2 (2013): 119–24. 後者はこの分野の概説である。

(21) Klaus R. Scherer, Marcel R. Zentner, and Daniel Stern, "Beyond Surprise: The Puzzle of Infants' Expressive Reactions to Expectancy Violation," *Emotion* 4/4 (2004): 389–402, at 389, 398. 以下も参照。Kevin N. Ochsner, "How Thinking Controls Feeling: A Social Cognitive Neuroscience Approach," *Emotion* 4/4 (2004): 106–36.

(22) Moors, Ellsworth, Scherer, and Frijda, "Appraisal Theories," 121; David Sander, Jordan Grafman, and Tiziana Zalla, "The Human Amygdala: An Evolved System for Relevance Detection," *Reviews in the Neurosciences* 14 (2003): 303–16.

(23) Silvan S. Tomkins, "Affect Theory," in *Approaches to Emotion*, ed. Klaus R. Scherer and Paul Ekman (Hillsdale, NJ, 1984), 163–95, at 165. ここではリストは簡略化されている。原著においてトムキンズは、情動の「活性化」の異なる程度を反映させるために、それぞれの情動をペアにしている。例えば、不安(fear)と恐怖(terror)、というようにである。

(24) Tomkins, "Affect Theory," 163–4.

(25) Tomkins, "Affect Theory," 145.

(26) Tomkins, "Affect Theory," 168, 170, 175 178, 180.

(27) Jaak Panksepp, "The Affective Brain and Core Consciousness: How Does Neural Activity Generate Emotional Feelings?" in *Handbook of Emotions*, ed. Michael Lewis, Jeannette M. Haviland-Jones, and Lisa Feldman Barrett, 3rd edn (New York, 2008), 48; Nancy L. Stein, Marc W. Hernandez, and Tom Trabasso, "Advances in Modeling Emotion and Thought: The Importance of Developmental, Online, and Multilevel Analyses," in *Handbook of Emotions*, 574–86, at 578. その他多くの心理学者は、「感情」と「情動」を互換可能なものとして用いる。以下を考慮せよ。Alice M. Isen, "Some Ways in Which Positive Affect Influences Decision Making and Problem Solving," in *Handbook of Emotions*, 548–73, at 548. 「人々の思考や行動において、日々の一般的な緩やかな情動(気持ち、感情)が果た

す役目や感情を理解することは、いまだに相対的に未発達な段階にある」。

(28) David Sander and Klaus R. Scherer, eds, *The Oxford Companion to Emotion and the Affective Sciences* (Oxford, 2009), 9-11, at 9-10.

(29) 社会構築主義の始まりについては以下を参照。Peter L. Berger and Thomas Luckmann, *The Social Construction of Reality: A Treatise in the Sociology of Knowledge* (Garden City, NY, 1966). 社会学と感情については以下を参照。Jonathan H. Turner and Jan E. Stets, *The Sociology of Emotions* (Cambridge, 2005); Eduardo Bericat, "The Sociology of Emotions: Four Decades of Progress," *Current Sociology* 64/3 (2016): 491-513. 人類学については以下を参照。Lutz, *Unnatural Emotions*.

(30) Rom Harré, ed., *The Social Construction of Emotions* (Oxford, 1986), vii. ここでの半数以上の寄稿者は心理学者で、他の大半は哲学者と人類学者である。James R. Averill, "The Acquisition of Emotions during Adulthood," in *The Social Construction of Emotions*, 98-119, at 100. 幸福については以下を参照。Anna Wierzbicka, *Emotions across Languages and Cultures: Diversity and Universals* (Cambridge, 1999), 51-4; Barbara H. Rosenwein, "Emotion Keywords," in *Transitional States: Cultural Change, Tradition and Memory in Medieval Literature and Culture*, ed. Graham D. Caie and Michael D. C. Drout (Tempe, AZ, 2017), 33-51.

(31) この考え方は社会学者で人類学者のピエール・ブルデューに遡れるだろう。Pierre Bourdieu, *Outline of a Theory of Practice* (Cambridge, 1977 [orig. publ. in French, 1972]).

(32) 以下を参照。J. L. Austin, *How to Do Things with Words: The William James Lectures delivered at Harvard University in 1955* (Oxford, 1962).

(33) Solomon, *The Passions*, 196, 199.

(34) Arlie Hochschild, *The Managed Heart: Commercialization of Human Feeling* (Berkeley, 2012 [orig. publ. 1979])〔A・R・ホックシールド『管理される心――感情が商品になるとき』石川准・室伏亜希訳、世界思想社、二〇〇〇年〕.

(35) Lisa Feldman Barrett and James A. Russell, eds, *The Psychological Construction of Emotion* (New York, 2015), 86, 101–2.

(36) 感情に特別な関心を示していない神経科学者のなかにも、脳の構造の古い見方を「脱構築」する者がいる。以下を参照。Larry W. Swanson and Gorica D. Petrovich, "What is the Amygdala?" *Trends in Neurosciences* 21 (1998): 323–31, ここでは三二三頁。「扁桃体は、構造的にも機能的にも単一体《ユニット》ではない」。

(37) *Psychological Construction*, 116.

(38) *Psychological Construction*, 63, 86, 89.

(39) Adrian Bird, "Perceptions of Epigenetics," *Nature* 447 (2007): 396–98. これは、このテーマについての入門文献である。

(40) Ian C. G. Weaver, Nadia Cervoni, Frances A. Champagne, et al., "Epigenetic Programming by Maternal Behavior," *Nature Neuroscience* 7/8 (2004): 847–54, at 847. ストレスはＨＰＡ(Hypothalamic-Pituitary-Adrenal axis)反応によって測定される。そのプログラミングを生じさせる可能性のあるメカニズム――海馬の糖質コルチコイド受容体の発現の交代を伴う――は、以下によって調査されている。Ian C. G. Weaver, "Epigenetic Programming by Maternal Behavior and Pharmacological Intervention. Nature Versus Nurture: Let's Call the Whole Thing Off," *Epigenetics* 2/1 (2007): 22–8.

(41) Siddhartha Mukherjee, *The Gene: An Intimate History* (New York, 2016), esp. 393–410, at 403, 405.

(42) Daniel Lord Smail, *On Deep History and the Brain* (Berkeley, 2008), 150. 人間と動物のアナロジーについては以下を参照。Judith M. Stern, "Offspring-Induced Nurturance: Animal-Human Parallels," *Developmental Psychobiology* 31/1 (1997): 19–37, この論文は、動物でも人間でも、子どもは母親の反応を引き出すと主張し、それを「子どもからの刺激に対する感情的な反応」と呼んでいる。

第**2**章

＊ヘロドトス『歴史(中)』松平千秋訳、岩波文庫、二〇〇七年(改版)、七頁。

(1) Johan Huizinga, *The Autumn of the Middle Ages*, trans. Rodney J. Payton and Ulrich Mammitzsch (Chicago, 1996 [orig. publ. in Dutch, 1919]), 9〔ホイジンガ『中世の秋 I』第三版、堀越孝一訳、中央公論新社、二〇〇一年、三一五頁〕. 未開社会という考え方への批判については、Adam Kuper, *The Invention of Primitive Society: Transformations of an Illusion* (London, 1988).

(2) Lucien Febvre, "Sensibility and History: How to Reconstitute the Emotional Life of the Past," in *A New Kind of History: From the Writings of Febvre*, ed. Peter Burke, trans. K. Folca (London, 1973 [orig. publ. in French, 1941]), 12–26, at 26〔L・フェーヴル「感性と歴史」小倉孝誠訳、L・フェーヴル、J・デュビィ、A・コルバン(小倉孝誠編)『感性の歴史』(藤原書店、一九九七年)〕. アナール学派については、Carole Fink, *Marc Bloch: A Life in History* (Cambridge, 1989).

(3) Norbert Elias, *The Civilizing Process*, trans. Edmund Jephcott, ed. Eric Dunning, Johan Goudsblom and Stephen Mennell, rev. edn (Oxford, 2000 [orig. publ. in German, 1939]), 241〔ノルベルト・エリアス『文明化の過程』全二冊、赤井慧爾ほか訳、法政大学出版局、二〇一〇年〕.

(4) H. Norman Gardiner, Ruth Clark Metcalf, and John Gilbert Beebe-Center, *Feeling and Emotion: A History of Theories* (New York, 1937); Carla Casagrande and Silvana Vecchio, *Passioni dell'anima. Teorie e usi degli affetti nella cultura medievale* (Florence, 2015). 感情理論と「生きられた感情」の両者については、Jan Plamper, "Fear: Soldiers and Emotion in Early Twentieth-Century Russian Military Psychology," *Slavic Review* 68/2 (2009): 259–83; Frank Biess and Daniel M. Gross, *Science and Emotions after 1945: A Transatlantic Perspective* (Chicago, 2014); Damien Boquet and Piroska Nagy, *Sensible Moyen Âge. Une histoire des émotions dans l'Occident médiéval* (Paris, 2015), and Rosenwein, *Generations of Feeling*.

(5) Ludwig Janus, "Transformations in Emotions Structures Throughout History," *Journal of Psychohistory* 43/3

(2016): 187-99, at 189, 193; Lyndal Roper, *Oedipus and the Devil: Witchcraft, Sexuality and Religion in Early Modern Europe* (London, 1994).

(6) Plamper, *History of Emotions*, 40-59は、近代歴史学を一九世紀から説き起こし、とくにドイツ語圏の成果について説得力がある。Damien Boquet and Piroska Nagy, "Una storia diversa delle emozioni," *Rivista Storica Italiana* 128/2 (2016): 481-520は、フランス語の関連文献を教えてくれる。アナール学派による心性という考え方の重要性は、至るところで見られる。イタリア史研究における例としては、Vito Fumagalli, *Landscapes of Fear: Perceptions of Nature and the City in the Middle Ages*, trans. Shayne Mitchell (Cambridge, 1994 [orig. publ. in Italian, 1987-90]). ドイツ研究における例としては、Peter Dinzelbacher, *Angst im Mittelalter: Teufels-, Todes- und Gotteserfahrung: Mentalitätsgeschichte und Ikonographie* (Paderborn, 1996).

(7) Peter N. Stearns and Carol Z. Stearns, "Emotionology: Clarifying the History of Emotions and Emotional Standards," *American Historical Review* 90/4 (1985): 813-36, at 813.

(8) Carol Zisowitz Stearns and Peter N. Stearns, *Anger: The Struggle for Emotional Control in America's History* (Chicago, 1986).

(9) Stearns and Stearns, *Anger*, 71, 83, 93, 96-97.

(10) Peter N. Stearns and Timothy Haggerty, "The Role of Fear: Transitions in American Emotional Standards for Children, 1850-1950," *American Historical Review* 96/1 (1991): 63-94, at 66.

(11) Peter N. Stearns, American Fear: *The Causes and Consequences of High Anxiety* (New York, 2006), 31, 61.

(12) Inger-Lise Lien, "Violence and Emotions," in *Pathways to Gang Involvement and Drug Distribution: Social, Environmental, and Psychological Factors* (Cham, 2014), 87-92, at 95.

(13) Susan J. Matt, *Homesickness: An American History* (Oxford, 2011), 7; Ute Frevert, Pascal Eitler, Stephanie Olsen, et al., *Learning How to Feel: Children's Literature and Emotional Socialization, 1870-1970* (Oxford, 2014); Peter N. Stearns, *Satisfaction* Not *Guaranteed: Dilemmas of Progress in Modern Society* (New York,

2012), 2, 6.

(14) Susan Matt and Peter N. Stearns, eds, *Doing Emotions History* (Urbana, 2014), 45.

(15) William M. Reddy, "Against Constructionism: The Historical Ethnography of Emotions," *Current Anthropology* 38 (1997): 327–51, at 327.

(16) William M. Reddy, *The Navigation of Feeling: A Framework for the History of Emotions* (Cambridge, 2001), 128. レディに多大な影響を与えた情動理論については、Alice M. Isen and Gregory Andrade Diamond, "Affect and Automaticity," in *Unintended Thought: Limits of Awareness, Intention and Control*, ed. J. S. Uleman and John A. Bargh (New York, 1989), 124–52.〔ここで「思考材料」、「注意」、「活性化」、「翻訳」は、レディ独自の用法である。「思考材料」は、皮膚感覚、内受容感覚、運動記憶から抽象概念まで身体内部・外部から受ける様々な刺激のことを意味する包括的な用語である。この思考材料の刺激が強力な場合、それは「活性化」され、そこに「注意」が向けられることが可能な状態になる(ただし、活性化された思考材料のすべてに注意が向けられるわけではない)。この注意が向けられること、言い換えれば、活性化した思考材料が意識的に処理されることを、レディは「翻訳」と呼ぶ。そして、活性化したものの翻訳されなかった思考材料、もしくは不完全にしか翻訳されない思考材料のことを「感情」と定義する。非常に図式的な定義だが、この定義には「悲しみ」や「怒り」といった個々の感情を示す語彙に頼らずに感情経験を論じることができるという長所がある。Michael Millner, *Fever Reading: Affect and Reading Badly in the Early American Public Sphere* (Durham, NH: University of New Hampshire Press, 2012), pp. 156–7.〕

(17) Reddy, "Against Constructionism," 335; Reddy, *Navigation of Feeling*, 129.

(18) Reddy, *Navigation of Feeling*, 145.

(19) Reddy, *Navigation of Feeling*, 217, 252.

(20) William M. Reddy, *The Making of Romantic Love: Longing and Sexuality in Europe, South Asia, and Japan, 900-1200 CE* (Chicago, 2012).

(21) Ferdiansyah Thajib, "Navigating Inner Conflict – Online Circulation of Indonesian Muslim Queer Emotions," in

Feelings at the Margins: Dealing with Violence, Stigma and Isolation in Indonesia, ed. Thomas Stodulka and Birgitt Röttger-Rössler (Frankfurt, 2014), 159–79.

(22) Valérie de Courville Nicol, *Social Economies of Fear and Desire: Emotional Regulation, Emotion Management, and Embodied Autonomy* (New York, 2011), 154.

(23) Nicole Eustace, *Passion Is the Gale: Emotion, Power, and the Coming of the American Revolution* (Chapel Hill, 2008), 3, 110, 153.

(24) Barbara H. Rosenwein, "Worrying about Emotions in History," *American Historical Review* 107 (2002): 821–45, at 842.

(25) William V. Harris, *Restraining Rage: The Ideology of Anger Control in Classical Antiquity* (Cambridge, 2001).

(26) C. Stephen Jaeger, *The Origins of Courtliness: Civilizing Trends and the Formation of Courtly Ideals, 939–1210* (Philadelphia, 1985).

(27) これについては，Rosenwein, *Generations of Feeling*, 3–4.

(28) レディにおける「感情的」と「非感情的」との対立図式については，次の文献の付録を見よ。Reddy, *Navigation of Feeling*. 言語表現された感情については，Rosenwein, *Generations of Feeling*, 4; Wierzbicka, *Emotions across Languages*; Lutz, *Unnatural Emotions*; Thomas Dixon, "Emotion: History of a Keyword in Crisis," *Emotion Review* 4/4 (2012): 338–44; Ute Frevert, Monique Scheer, Anne Schmidt, et al., *Emotional Lexicons: Continuity and Change in the Vocabulary of Feeling 1700–2000* (Oxford, 2014).

(29) Dixon, *From Passions to Emotions*. 非西洋における諸概念については，Damien Boquet and Piroska Nagy, eds, *Histoire intellectuelle des émotions, de l'Antiquité à nos jours* = *L'Atelier du Centre de recherche historique* 16 (2016), online at https://acrh.revues.org/6720.

(30) Barbara H. Rosenwein, *Emotional Communities in the Early Middle Ages* (Ithaca, 2006).

(31) Rosenwein, *Emotional Communities*, 67.

(32) Rosenwein, *Generations of Feeling*, 275.

(33) Jennifer Cole and Lynn M. Thomas, *Love in Africa* (Chicago, 2009), 3, quoting Rosenwein, *Emotional Communities*, 191; Martha Tomhave Blauvelt, *The Work of the Heart: Young Women and Emotion, 1780–1830* (Charlottesville, 2007), 10; Joanne McEwan, "'At My Mother's House,' Community and Household Spaces in Early Eighteenth-Century Scottish Infanticide Narratives," in *Spaces for Feeling: Emotions and Sociabilities in Britain, 1650–1850*, ed. Susan Broomhall (London, 2015), 12–34, at 21–3; Barbara Newman, *Making Love in the Twelfth Century: "Letters of Two Lovers" in Context* (Philadelphia, 2016), 26; Steven Mullaney, *The Reformation of Emotions in the Age of Shakespeare* (Chicago, 2015), 69.

(34) Erving Goffman, *The Presentation of Self in Everyday Life* (New York, 1959)〔E・ゴッフマン『行為と演技――日常生活における自己呈示』石黒毅訳、誠信書房、一九七四年〕; Clifford Geertz, *Negara: The Theater State in Nineteenth-Century Bali* (Princeton, 1980)〔クリフォード・ギアツ『ヌガラ――一九世紀バリの劇場国家』小泉潤二訳、みすず書房、一九九〇年〕; Judith Butler, *Gender Trouble: Feminism and the Subversion of Identity*, 2nd edn (London, 1999)〔ジュディス・バトラー『ジェンダー・トラブル――フェミニズムとアイデンティティの攪乱』竹村和子訳、青土社、一九九九年〕. 歴史研究者については、Richard Wortman, *Scenarios of Power: Myth and Ceremony in Russian Monarchy*, 2 vols (Princeton, 1995–2000). 「行為遂行論的転回」については、Peter Burke, "The Performative Turn in Recent Cultural history," in *Medieval and Early Modern Performance in the Eastern Mediterranean*, ed. Arzu Öztürkmen and Evelyn Birge Vitz (Turnhout, 2014), 541–61; Jürgen Martschukat and Steffen Patzold, eds, *Geschichtswissenschaft und "performative turn." Ritual, Inszenierung und Performanz vom Mittelalter bis zur Neuzeit* (Cologne, 2003).

(35) この研究テーマのレビューについては、次の論集を見よ。Stuart Airlie, Walter Pohl, and Helmut Reimitz, eds, *Staat im Frühen Mittelalter* (Vienna, 2006).

(36) Gerd Althoff, "Empörung, Tränen, Zerknirschung. 'Emotionen' in der öffentlichen Kommunikation des Mittelalters," *Frühmittelalterliche Studien* 30 (1996): 60–79.

(37) Althoff, "Empörung," 61, 63, 66. 他にば Althoff, *Otto III*, trans. Phyllis G. Jestice (University Park, 2002 [orig. publ. in German, 1996]), 112–18, 124–5.

(38) Althoff, *Otto III*, 33.

(39) J. E. A. Jolliffe, *Angevin Kingship* (New York, 1963); Gerd Althoff, "*Ira Regis*: Prolegomena to a History of Royal Anger," in *Anger's Past: The Social Uses of an Emotion in the Middle Ages*, ed. Barbara H. Rosenwein (Ithaca, 1998), 59–74, at 61.

(40) Geoffrey Koziol, *Begging Pardon and Favor: Ritual and Political Order in Early Medieval France* (Ithaca, 1992).

(41) Klaus Oschema, *Freundschaft und Nähe im spätmittelalterlichen Burgund. Studien zum Spannungsfeld von Emotion und Institution* (Cologne, 2006), 24

(42) Laurent Smagghe, *Les Émotions du prince. Émotion et discours politique dans l'espace bourguignon* (Paris, 2012), 23.

(43) 古典古代の修辞法については Ed Sanders and Matthew Johncock, eds, *Emotion and Persuasion in Classical Antiquity* (Stuttgart, 2016); Doris Kolesch, *Theater der Emotionen. Ästhetik und Politik zur Zeit Ludwigs XIV* (Frankfurt, 2006).

(44) C. Dallett Hemphill, "Class, Gender, and the Regulation of Emotional Expression in Revolutionary-Era Conduct Literature," in *An Emotional History of the United States*, ed. Peter N. Stearns and Jan Lewis (New York, 1998), 33–51, at 34, 37–8, 42.

(45) Stearns, *Satisfaction Not Guaranteed*, 41–2.

(46) Eustace, *Passion Is the Gale*, 5, 398.

(47) Jan Lewis, *The Pursuit of Happiness: Family and Values in Jefferson's Virginia* (Cambridge, 1983), 108, 121. なお、Pauline Maier, *American Scripture: Making the Declaration of Independence* (New York, 1997), 134 によれば、ヴァージニア権利章典の草案では、人に認められた様々な権利の中に、「財産を入手し保有する手段および幸福と安全を追求し獲得する手段とともに、生命と自由を享受する」権利があるとされており、ジェファーソンは、この草案にあった表現を「幸福」という一言に置き換えたのだという。

(48) Eustace, *Passion Is the Gale*, 19.

(49) 『人間論』からの引用は、すべて書簡四からである。全テクストは以下に掲載。http://www.gutenberg.org/files/2428/2428-h/2428-h.htm〔翻訳は、ポウプ『人間論』上田勤訳(岩波文庫、一九五〇年)より。引用文前後の文脈にあわせて一部変更した〕.

(50) Phil Withington, "The Art of Medicine: Utopia, Health, and Happiness," *The Lancet* 387/10033 (2016): 2084–85, at 2085.

(51) 文書が行為を遂行するという性質については、Geoffrey Koziol, *The Politics of Memory and Identity in Carolingian Royal Diplomas: The West Frankish Kingdom (840–987)* (Turnhout, 2012), esp. 42–62; 独立宣言の羊皮紙の種類や、アメリカ史において独立宣言がどのように用いられたかについては、Maier, *American Scripture*, xi; マーティン・ルーサー・キング・ジュニアのスピーチ「私には夢がある」は、http://www.ushistory.org/documents/i-have-a-dream.htm.

(52) 権利という言葉の問題については、Brian Tierney, *The Idea of Natural Rights: Studies on Natural Rights, Natural Law, and Church Law, 1150–1625* (Atlanta, 1997). John Locke, *Second Treatise of Government* (1690), 2.6–7〔ジョン・ロック『完訳　統治二論』加藤節訳、岩波文庫、二〇一〇年、後編・第二章第六－七節(二九八－三〇〇頁)〕, quoted from https://www.gutenberg.org/files/7370/7370-h/7370-h.htm 引用箇所は章・節番号により示してある。植民地人のための国王文書については、次のウェブサイトに掲載された多数の勅許状を見よ。http://avalon.law.yale.edu/subject_menus/statech.asp.

(53) James P. McClure and J. Jefferson Looney, eds, *The Papers of Thomas Jefferson Digital Edition* (Charlottesville, 2008–17), online at http://rotunda.upress.virginia.edu/founders/TSJN-01-01-02-0175.

(54) Sara Martin, ed., *The Adams Papers Digital Edition* (Charlottesville, 2008–17), online at http://rotunda.upress.virginia.edu/founders/ADMS-06-04-02-0142.

(55) Reddy, *Navigation of Feeling*, 57; Rosenwein, *Generations of Feeling*, 316.

第3章

(1) Caroline Walker Bynum, "Why All the Fuss about the Body? A Medievalist's Perspective," *Critical Inquiry* 22 (1995): 1–33, at 5.

(2) Jacques Revel and Jean-Pierre Peter, "Le corps. L'homme malade et son histoire," in *Faire de l'histoire*, vol. 3: *Nouveaux objets*, ed. Jacques Le Goff and Pierre Nora (Paris, 1974), 169–91.

(3) Danielle Jacquart and Claude Alexandre Thomasset, *Sexuality and Medicine in the Middle Ages*, trans. Matthew Adamson (Cambridge, 1988 [orig. publ. in French, 1985]); Thomas Laqueur, *Making Sex: Body and Gender from the Greeks to Freud* (Cambridge, 1992)〔トマス・ラカー『セックスの発明――性差の観念史と解剖学のアポリア』高井宏子・細谷等訳、工作舎、一九九八年〕; Michel Foucault, *Discipline and Punish: The Birth of the Prison*, trans. Alan Sheridan (New York, 1979 [orig. publ. in French, 1975]), 25〔ミシェル・フーコー『監獄の誕生――監視と処罰』田村俶訳、新潮社、一九七七年、二九頁〕. 以下も参照。Foucault, *The History of Sexuality*, trans. Robert Hurley: vol. 1, *An Introduction*; vol. 2, *The Use of Pleasure*; vol. 3, *The Care of the Self* (New York, 1978–86 [orig. publ. in French, 1976–84])〔フーコー『性の歴史』第一巻「知への意志」渡辺守章訳、第二巻「快楽の活用」田村俶訳、第三巻「自己への配慮」田村俶訳、新潮社、一九八六–八七年(引用は第三巻一四〇頁より)〕.

(4) Peter Brown, *The Body and Society: Men, Women and Sexual Renunciation in Early Christianity* (New York, 1988), xiii; Caroline Walker Bynum, *Holy Feast and Holy Fast: The Religious Significance of Food to Medi-

eval Women (Berkeley, 1987). バイナムは身体の文化的意味に関する研究を続けた。Caroline Walker Bynum, *The Resurrection of the Body in Western Christianity, 200–1336* (New York, 1995). Marcel Mauss, "Techniques of the body," *Economy and Society* 2/1 (1973): 70–88, 70 [orig. publ. in French, 1935].

(5) Otniel E. Dror, "Creating the Emotional Body: Confusion, Possibilities, and Knowledge," in *An Emotional History of the United States*, 173–94; Dror, "The Scientific Image of Emotion: Experience and Technologies of Inscription," *Configurations* 7 (1999): 355–401, at 401; また Dror, "The Affect of Experiment: The Turn to Emotions in Anglo-American Physiology, 1900–1940," *Isis* 90 (1999): 205–37.

(6) 医学的まなざしについては、Michel Foucault, *The Birth of the Clinic: An Archaeology of Medical Perception* (New York, 1973 [orig. publ. in French, 1963])〔ミシェル・フーコー『臨床医学の誕生』神谷美恵子訳、みすず書房、二〇二〇年[一九六九年]〕; 試験については Foucault, *Discipline and Punish*, 192〔フーコー『監獄の誕生』一九五頁〕. パノプティコンについては, *Discipline and Punish*, 195〔フーコー『監獄の誕生』二〇四–二〇五頁〕; ドゥロールの科学者たちについてはとくに Dror, "Creating the Emotional Body," 177–8.

(7) Fay Bound Alberti, *Medicine, Emotion and Disease, 1700–1950* (Basingstoke, 2006), xix.

(8) この段落の引用のほとんどは Fay Bound Alberti, *Matters of the Heart: History, Medicine, and Emotion* (Oxford, 2010), 3–5, 58 より。アメリカ心臓協会のウェブサイトは以下を参照。http://www.heart.org/HEARTORG/Conditions/HeartAttack/DiagnosingaHeartAttack/Angina-Pectoris-Stable-Angina_UCM_437515_Article.jsp#.

(9) Bound Alberti, *Matters of the Heart*, 8–9; Bound Alberti, *This Mortal Coil: The Human Body in History and Culture* (Oxford, 2016), 17; また以下も参照。Bound Alberti, "Bodies, Hearts, and Minds: Why Emotions Matter to Historians of Science and Medicine," *Isis* 100/4 (2009): 798–810. 心筋症については、Jun-Won Lee and Byung-il William Choi, "Stress-induced Cardiomyopathy: Mechanism and Clinical Aspects," in *Somatization and Psychosomatic Symptoms*, ed. Kyung Bong Koh (New York, 2013), 191–206. 「脳と心臓の密接な関連性」を強調するために、彼らもジョン・ハンターの事例を用いている (199–200)。

(10) Elena Carrera, ed., *Emotions and Health, 1200–1700* (Leiden, 2013), 1, 5, 9.

(11) Jacques Gélis, "Le corps, l'Église et le sacré," in *Histoire du corps*, ed. Alain Corbin, Jean-Jacques Courtine, and Georges Vigarello, 3 vols (Paris, 2005–6), 1: 54〔ジャック・ジェリス「身体、教会、聖なるもの」玉田敦子訳、A・コルバン&J-J・クルティーヌ&G・ヴィガレロ監修(鷲見洋一監訳)『身体の歴史1』藤原書店、二〇一〇年、六九頁〕; Jan Frans van Dijkhuizen and Karl A. E. Enenkel, eds, *The Sense of Suffering: Constructions of Physical Pain in Early Modern Culture* (Leiden, 2008), 10(強調は原文).

(12) Esther Cohen, *The Modulated Scream: Pain in Late Medieval Culture* (Chicago, 2010).

(13) Boquet and Nagy, *Sensible Moyen Âge*; Jean Leclercq, *The Love of Learning and the Desire for God: A Study of Monastic Culture* (New York, 1961 [orig. publ. in French, 1957])〔ジャン・ルクレール『修道院文化入門——学問への愛と神への希求』神崎忠昭・矢内義顕訳、知泉書館、二〇〇四年〕.

(14) Michael Schoenfeldt, "The Art of Pain Management in Early Modern England," in *Sense of Suffering*, 19–38, at 27.

(15) Joanna Bourke, *The Story of Pain: From Prayer to Painkillers* (Oxford, 2014), 17, 19; また以下も参照。Keith Wailoo, *Pain: A Political History* (Baltimore, 2014).

(16) Javier Moscoso, *Pain: A Cultural History*, trans. Sarah Thomas and Paul House (New York, 2012 [orig. publ. in Spanish, 2011]), 6, 8; Elaine Scarry, *The Body in Pain* (Oxford, 1985).

(17) Rob Boddice, "Introduction: Hurt Feelings?" in *Pain and Emotion in Modern History*, ed. Rob Boddice (Basingstoke, 2014), 1–15, at 3, 4–5.

(18) ジェンダー史への導入として有益なのは、Sonya O. Rose, *What is Gender History?* (Cambridge, 2010)〔ソニア・O・ローズ『ジェンダー史とは何か』長谷川貴彦・兼子歩訳、法政大学出版局、二〇一六年〕しかし同書は感情については論じていない。ジェンダー史における感情については、Willemijn Ruberg, "Introduction," in *Sexed Sentiments: Interdisciplinary Perspectives on Gender and Emotion*, ed. Willemijn Ruberg and Kristine Steenbergh

(Amsterdam, 2011), 1–20.

(19) Stephanie A. Shields, "Functionalism, Darwinism, and the Psychology of Women: A Study in Social Myth," *American Psychologist* 30/7 (1975): 739–54, at 739.

(20) Marsha E. Fingerer, "Psychological Sequelae of Abortion: Anxiety and Depression," *Journal of Community Psychology* 1 (1973): 221–5; M. Steiner and D. R. Aleksandrowicz, "Psychiatric Sequelae to Gynaecological Operations," *Israel Annals of Psychiatry and Related Disciplines* 8 (1970): 186–92; Eduardo Dallal y Castillo, E. Shapiro Ackerman, A. Fernández Flores, A. M. Pallares Díaz, and J. E. Soberanes Rosales, "Psychological Characteristics of a Group of Premenopausal Women as Outlined through Tests," *Neurologia, Neurocirugia, Psiquiatria* 16 (1975): 243–53. ここで提示した数字はPsycINFO(心理学文献データベース)を検索して得た。

(21) Carroll Smith-Rosenberg, "The Female World of Love and Ritual: Relations between Women in Nineteenth-Century America," *Signs* 1/1 (1975): 1–29, at 4, 9; Sharon Marcus, *Between Women: Friendship, Desire, and Marriage in Victorian England* (Princeton, 2007).

(22) John Boswell, *Same-sex Unions in Premodern Europe* (New York, 1994), x, xxv; C. Stephen Jaeger, *Ennobling Love: In Search of a Lost Sensibility* (Pennsylvania, 1999); Alan Bray, *The Friend* (Chicago, 2003), 4. Claudia Rapp, *Brother-Making in Late Antiquity and Byzantium: Monks, Laymen, and Christian Ritual* (Oxford, 2016)は、ボズウェルとブレイが扱った結婚の儀式の起源を、ビザンツの修道院環境ではないかと推測している。ビザンツの修道士たちには、半隠遁生活に入ろうとするカップルを祝福する習慣があった。

(23) David F. Greenberg, *The Construction of Homosexuality* (Chicago, 1988); Joan W. Scott, "Gender: A Useful Category of Historical Analysis," *American Historical Review* 91/5 (1986): 1053–75〔ジョーン・W・スコット「ジェンダー――歴史分析の有効なカテゴリーとして」、ジョーン・W・スコット『増補新版 ジェンダーと歴史学』荻野美穂訳、平凡社ライブラリー、二〇〇四年〕; Butler, *Gender Trouble*〔バトラー『ジェンダー・トラブル』前掲訳書〕; Agneta H. Fischer, "Sex Differences in Emotionality: Fact or Stereotype?" *Feminism and Psychology* 3 (1993):

303–18は、女性の豊かな「情緒」という観念は、人を惑わせる情報だと論じている。Stephanie A. Shields, “Thinking about Gender, Thinking about Theory: Gender and Emotional Experience,” in *Gender and Emotion: Social Psychological Perspectives*, ed. Agneta H. Fischer (New York, 2000): 3–23, at 6–7; Penelope Gouk and Helen Hills, eds, *Representing Emotions: New Connections in the History of Art, Music, and Medicine* (Aldershot, 2005), 22.

(24) Bynum, “Why All the Fuss about the Body?” esp. 6–8, 16–18; Christine Battersby, “The Man of Passion: Emotion, Philosophy, and Sexual Difference,” in *Representing Emotions*, 139–53.

(25) Piroska Nagy, *Le don des larmes au Moyen Âge. Un instrument spirituel en quête d'institution* (Ve–XIIIe siècle) (Paris, 2000); Ruth Mazo Karras, *From Boys to Men: Formations of Masculinity in Late Medieval Europe* (Philadelphia, 2003), 65; Bernard Capp, “'Jesus Wept' But Did the Englishman? Masculinity and Emotion in Early Modern England,” *Past and Present* 224 (2014): 75–108, at 76;『感傷の人』については、*Julie Ellison, Cato's Tears and the Making of Anglo-American Emotion* (Chicago, 1999)とG. J. Barker-Benfield, *The Culture of Sensibility: Sex and Society in Eighteenth-Century Britain* (Chicago, 1992)、一九世紀の戦場に関しては以下も参照。Holly Furneaux, *Military Men of Feeling: Emotion, Touch, and Masculinity in the Crimean War* (Oxford, 2016); 第1次世界大戦において表現された感情については、Michael Roper, *The Secret Battle: Emotional Survival in the Great War* (Manchester, 2010); Joanna Bourke, *Dismembering the Male: Men's Bodies, Britain, and the Great War* (Chicago, 1996); ファシズム的男性についてはSandro Bellassai, “The Masculine Mystique: Anti-modernism and Virility in Fascist Italy,” *Journal of Modern Italian Studies* 10/3 (2005): 314–35; Gigliola Gori, “Model of Masculinity: Mussolini, the 'New Italian' of the Fascist Era,” *The International Journal of the History of Sport* 16/4 (1999): 27–61.

(26) Douglas Schrock and Brian Knop, “Gender and Emotions,” in *Handbook of the Sociology of Emotions*, ed. Jan E. Stets and Jonathan H. Turner, 2 vols (Dordrecht, 2014), 2: 411–28, at 412.

(27) Stephanie Tarbin, "Raising Girls and Boys: Fear, Awe, and Dread in the Early Modern Household," in *Authority, Gender and Emotions in Late Medieval and Early Modern England*, ed. Susan Broomhall (London, 2015), 106–30; Annemarieke Willemsen, "'That the boys come to school half an hour before the girls': Order, Gender, and Emotion in School, 1300–1600," in *Gender and Emotions in Medieval and Early Modern Europe: Destroying Order, Structuring Disorder*, ed. Susan Broomhall (Farnham, 2015), 175–96; Merridee L. Bailey, *Socialising the Child in Late Medieval England, c. 1400–1600* (York, 2012). また以下も参照。Claudia Jarzebowski and Thomas Max Safley, *Childhood and Emotion across Cultures, 1450–1800* (London, 2014); Frevert, Eitler, Olsen, et al., *Learning How to Feel*.

(28) Lawrence Stone, *The Family, Sex, and Marriage in England, 1500–1800* (New York, 1977), 93, 99〔L・ストーン『家族・性・結婚の社会史――一五〇〇年－一八〇〇年のイギリス』北本正章訳、勁草書房、一九九一年、六九・八一頁〕; Emlyn Eisenach, *Husbands, Wives, and Concubines: Marriage, Family, and Social Order in Sixteenth-Century Verona* (Kirksville, 2004), 79.

(29) Boquet and Nagy, *Sensible Moyen Âge*, 259.

(30) Douglas Schrock, Daphne Holden, and Lori Reid, "Creating Emotional Resonance: Interpersonal Emotion Work and Motivational Framing in a Transgender Community," *Social Problems* 51/1 (2004): 61–81; Stephanie L. Budge, Joe J. Orovecz, and Jayden L. Thai, "Trans Men's Positive Emotions: The Interaction of Gender Identity and Emotion Labels," *The Counseling Psychologist* 43/3 (2015): 404–34.

(31) Caroline Walker Bynum, "Jesus as Mother and Abbot as Mother: Some Themes in Twelfth-Century Cistercian Writing," *Harvard Theological Review* 70 (1977): 257–84, at 262; Kathryn M. Ringrose, *The Perfect Servant: Eunuchs and the Social Construction of Gender in Byzantium* (Chicago, 2007), 31; また以下も参照。Mathew Kuefler, *The Manly Eunuch: Masculinity, Gender Ambiguity, and Christian Ideology in Late Antiquity* (Chicago, 2001). 近代の去勢男性とそのジェンダーアイデンティティについては、Richard J. Wassersug, Emma McKenna, and

Tucker Lieberman, "Eunuch as a Gender Identity after Castration," *Journal of Gender Studies* 21/3 (2012): 253-70.

(32) Megan McLaughlin, *Sex, Gender, and Episcopal Authority in an Age of Reform, 1000-1122* (Cambridge, 2010), 121.

(33) Michel Feher, "Introduction," in *Fragments for a History of the Human Body*, ed. Michel Feher, with Ramona Naddaff and Nadia Tazi, 3 vols (New York, 1989), 1: 14; René Nelli, "Love's Rewards," in *Fragments for a History*, 2: 219-35.

(34) Monique Scheer, "Are Emotions a Kind of Practice (and Is That What Makes Them Have a History)? A Bourdieuian Approach to Understanding Emotion," *History and Theory* 51 (2012): 193-220, at 209, 217-18, 220.

(35) 以下を参照。Pascal Eitler and Monique Scheer, "Emotionengeschichte als Körpergeschichte: Eine heuristische Perspektive auf religiöse Konversionen im 19. und 20. Jahrhundert," *Geschichte und Gesellschaft* 35 (2009): 282-313; Scheer, "Feeling Faith: The Cultural Practice of Religious Emotions in Nineteenth-Century German Methodism," in *Out of the Tower. Essays on Culture and Everyday Life*, ed. Monique Scheer, Thomas Thiemeyer, Reinhard Johler, and Bernhard Tschofer, trans. Michael Robertson (Tübingen, 2013), 217-47.

(36) Margrit Pernau and Imke Rajamani, "Emotional Translations: Conceptual History beyond Language," *History and Theory* 55 (2016): 46-65, at 64. 映画理論における身体については、例えば以下を参照。Christiane Voss, "Film Experience and the Formation of Illusion: The Spectator as 'Surrogate Body' for the Cinema," trans. Inga Pollmann, SCMS Translation Committee, intro. Vinzenz Hediger, *Cinema Journal* 50/4 (2011): 136-50; Jo Labanyi, "Doing Things: Emotion, Affect, and Materiality," *Journal of Spanish Cultural Studies* 11/3-4 (2010): 223-33, at 230.

(37) Stephen Halliwell, *Greek Laughter: A Study of Cultural Psychology from Homer to Early Christianity* (Cambridge, 2008), viii-ix; Mary Beard, *Laughter in Ancient Rome: On Joking, Tickling, and Cracking Up* (Berkeley,

2014), x. 身振りの研究として、例えばGregory S. Aldrete, *Gestures and Acclamations in Ancient Rome* (Baltimore, 1999).

(38) 中世の笑いと微笑みの発明については、Jacques Le Goff, "Laughter in the Middle Ages," in *A Cultural History of Humour: From Antiquity to the Present Day*, ed. Jan Bremmer and Herman Roodenburg (Cambridge, 2005), 40-53; 中近世の笑いの様々な意味については、Albrecht Classen, ed., *Laughter in the Middle Ages and Early Modern Times: Epistemology of a Fundamental Human Behavior, its Meaning, and Consequences* (Berlin, 2010); 古代ギリシア語およびラテン語の用語については、Beard, *Laughter in Ancient Rome*, 73-6;「微笑みの革命」については、Colin Jones, *The Smile Revolution in Eighteenth Century Paris* (Oxford, 2014); 同じ時代の笑いについては、Stéphanie Fournier, *Rire au théâtre à Paris à la fin du XVIIIe siècle* (Paris, 2016), 353; 微笑みと笑いについては、Colin Jones, "Le sourire," in *Histoire des Émotions*, ed. Alain Corbin, Jean-Jacques Courtine, and Georges Vigarello, vol. 1: *De l'Antiquité aux Lumières*, ed. Georges Vigarello (Paris, 2016), 446-59〔コリン・ジョーンズ「ほほ笑み」林千宏訳、A・コルバン&J-J・クルティーヌ&G・ヴィガレロ監修(片木智年監訳)『感情の歴史1』藤原書店、二〇二〇年、六六一—六八〇頁〕.

(39) https://www.poetryfoundation.org/poems-and-poets/poems/detail/45937.

(40) Sara Ahmed, *The Cultural Politics of Emotion*, 2nd edn (New York, 2015), 1; Bruce R. Smith, *Phenomenal Shakespeare* (Chichester, 2009), xviii.

(41) Gregory J. Seigworth and Melissa Gregg, "An Inventory of Shimmers," in *The Affect Theory Reader* (Durham, 2010), 1-2; Stein, Hernandez, and Trabasso, "Advances in Modeling Emotion and Thought," 578-79; Brian Massumi, "The Autonomy of Affect," *Cultural Critique* 31 = *The Politics of Systems and Environments* pt. 2 (1995): 83-109, at 85.

(42) Smith, *Phenomenal Shakespeare*, xvi, 45, 56, 62(バルワーの引用)〔シェイクスピアのソネット二九の訳文はウィリアム・シェイクスピア『シェイクスピアのソネット』小田島雄志訳、文春文庫、二〇〇七年、六四・六五頁〕.

(43) Douglas Barnett and Hilary Horn Ratner, "Introduction: The Organization and Integration of Cognition and Emotion in Development," *Journal of Experimental Child Psychology* 67 (1997): 303-16, at 303; Ruth Leys, "The Turn to Affect," *Critical Inquiry* 37 (2011): 434-72. 歴史家たちのあいだでの情動理論の受容については、Stephanie Trigg, "Introduction: Emotional Histories - Beyond the Personalization of the Past and the Abstraction of Affect Theory," *Exemplaria* 26 (2014): 3-15.

(44) Seigworth and Gregg, *Affect Theory*, 3-4.

(45) Henri Lefebvre, *The Production of Space* (Oxford, 1991 [orig. publ. in French, 1974])〔アンリ・ルフェーヴル『空間の生産』斎藤日出治訳、青木書店、二〇〇〇年〕.

(46) Margrit Pernau, "Space and Emotion: Building to Feel," *History Compass* 12/7 (2014): 541-9, at 545.

(47) Ben Anderson, "Becoming and Being Hopeful: Towards a Theory of Affect," *Environment and Planning D: Society and Space* 24 (2006): 733-52, at 735-6(強調は原文).

(48) Steve Pile, "Emotions and Affect in Recent Human Geography," *Transactions of the Institute of British Geographers* (n. s.) 35/1 (2010): 5-20, at 6.

(49) Joyce Davidson and Christine Milligan, "Editorial. Embodying Emotion Sensing Space: Introducing Emotional Geographies," *Social and Cultural Geographies* 5/4 (2004): 523-32.

(50) Benno Gammerl, "Emotional Styles - Concepts and Challenges," in *Rethinking History* 16/2 (2012): 161-75, at 161.

(51) Andreas Reckwitz, "Affective Spaces: A Praxeological Outlook," in *Rethinking History* 16/2 (2012): 241-58, at 244, 247, 249, 256(強調は原文).

(52) Mark Seymour, "Emotional Arenas: From Provincial Circus to National Courtroom in Late Nineteenth-Century Italy," in *Rethinking History* 16/2 (2012): 177-98, at 189-90, 193.

(53) Tracy Adams, "Fostering Girls in Early Modern France," in *Emotions in the Household, 1200-1900*, ed. Susan

Broomhall (London, 2008), 103–18, at 105, 113; Ivan Jablonka, "Fictive Kinship: Wards and Foster-Parents in Nineteenth-Century France," in *Emotions in the Household*, 269–84, at 273, 275.

(54) Susan Broomhall, "Introduction," in *Spaces for Feeling*, 1–11, at 1.

(55) Daniel Miller, *Material Culture and Mass Consumption* (Oxford, 1987); Miller, ed., *Materiality* (Durham, 2005); Arjun Appadurai, *The Social Life of Things: Commodities in Cultural Perspective* (Cambridge, 1989); Alfred Gell, *Art and Agency: An Anthropological Theory* (Oxford, 1998). クレムスの会議のラウンドテーブルについては, Barbara H. Rosenwein, "Emotions and Material Culture: A 'Site under Construction,'" in *Emotions and Material Culture*, ed. Gerhard Jaritz (Vienna, 2003), 165–72.

(56) Sarah Tarlow, "Emotion in Archaeology," *Current Anthropology* 41/5 (2000): 713–46, at 723–5, 729.

(57) Chris Gosden, "Aesthetics, Intelligence and Emotions: Implications for Archaeology," in *Rethinking Materiality: The Engagement of Mind with the Material World*, ed. Elizabeth Demarrais, Chris Gosden, and Colin Renfrew (Cambridge, 2004), 33–40, at 33, 37.

(58) Oliver J. T. Harris and Tim Flohr Sørensen, "Rethinking Emotion and Material Culture," *Archaeological Dialogues* 17/2 (2010): 145–63, at 146, 148, 152, 155–6, 162. Sarah Tarlow, "The Archaeology of Emotion and Affect," *Annual Review of Anthropology* 41 (2012): 169–85, at 174, 181. ハリスとソレンセンに対する反論として, John Kieschnick, "Material Culture," in *The Oxford Handbook of Religion and Emotion*, ed. John Corrigan (Oxford, 2008), 223–40. キーシュニックは創造物を通して人々に影響を与えようとする芸術家たちの意識的な努力を強調した。

(59) Sarah Tarlow, "Death and Commemoration," *Industrial Archaeology Review* 27/1 (2005): 163–9, at 164, 167; Rosenwein, *Emotional Communities*, 57–78; Angelos Chaniotis, "Moving Stones: The Study of Emotions in Greek Inscriptions," in *Unveiling Emotions: Sources and Methods for the Study of Emotions in the Greek World*, ed. Angelos Chaniotis (Stuttgart, 2012), 91–129; Chaniotis, "Emotions in Public Inscriptions of the Hellenistic Age,"

Mediterraneo antico, 16/2 (2013): 745–60; Jeffrey Jerome Cohen, *Stone: An Ecology of the Inhuman* (Minneapolis, 2015), 12.

(60) Cohen, *Stone*, 13; Elina Gertsman, “The Facial Gesture: (Mis)reading Emotion in Gothic Art,” *The Journal of Medieval Religious Cultures* 36 (2010): 28–46; Jacqueline E. Jung, “The Portal from San Vicente Martír in Frías: Sex, Violence, and the Comfort of Community in a Thirteenth-Century Sculpture Program at the Cloisters,” in *Theologisches Wissen und die Kunst. Festschrift für Martin Büchsel*, ed. Rebecca Müller, Anselm Rau, and Johanna Scheel (Berlin, 2015), 369–82.

(61) Catherine Richardson, “‘A very fit hat’: Personal Objects and Early Modern Affection,” in *Everyday Objects: Medieval and Early Modern Material Culture and its Meanings*, ed. Tara Hamling and Catherine Richardson (Farnham, 2010), 289–98, at 293; Lena Cowen Orlin, “Empty Vessels,” in *Everyday Objects*, 299–308, at 300, 303; ただし、オーリンはシェイクスピアの遺言には言及していない。

(62) John Styles, “Objects of Emotion: The London Foundling Hospital Tokens, 1741–1760,” in *Writing Material Culture History*, ed. Anne Gerritsen and Giorgio Riello (London, 2015), 165–72, at 166–68, 171. また Styles, *Threads of Feeling: The London Foundling Hospital's Textile Tokens, 1740–1770* (London, 2010).

(63) Tove Engelhardt Mathiassen, “Protective Strategies and Emotions Invested in Early Modern Danish Christening Garments,” in *Emotional Textiles*, ed. Alice Dolan and Sally Holloway = *Textile: Cloth and Culture* 14/2 (2016): 208–25, at 211–12, 215. パブリック・ヒストリー、博物館展示と感情については、Sheila Watson, “Emotions in the History Museum,” in *International Handbooks of Museum Studies: Museum Theory*, ed. Andrea Witcomb and Kylie Message (Hoboken, 2015), 283–301.

(64) Sara Ahmed, “Happy Objects,” in *Affect Theory*, 29–51, at 29, 35; Alice Dolan and Sally Holloway, “Emotional Textiles: An Introduction,” in *Emotional Textiles*, 152–59; Cohen, *Stone*, 22, 96–97.

(65) Daniel Lord Smail, “Enmity and the Distraint of Goods in Late Medieval Marseille,” in *Emotions and Material*

Culture, 17–30, at 21; Elizabeth Howie, "Bringing Out the Past: Courtly Cruising and Nineteenth-Century American Men's Romantic Friendship Portraits," in *Love Objects: Emotion, Design and Material Culture*, ed. Anna Moran and Sorcha O'Brien (London, 2014), 43–52; Ann Wilson, "Kitsch, Enchantment and Power: The Bleeding Statues of Templemore in 1920," in *Love Objects*, 87–98.

(66) Rey Chow, "Fateful Attachments: On Collection, Fidelity, and Lao She," *Critical Inquiry* 18 (2001): 286–304; Daniel Lord Smail, "Neurohistory in Action: Hoarding and the Human Past," *Isis* 105/1 (2014): 110–22.

(67) Martha C. Nussbaum, *Upheavals of Thought: The Intelligence of Emotions* (Cambridge, 2001), 241. Susan L. Feagin, *Reading with Feeling: The Aesthetics of Appreciation* (Ithaca, 1996)はすでに読書の感情的な次元を強調している。「読者の反応」は、文学に対する今日のアプローチの重要な側面のひとつである。

(68) Marianne Noble, *The Masochistic Pleasures of Sentimental Literature* (Princeton, 2000), 4, 6.

(69) Pascal Eitler, Stephanie Olsen, and Uffa Jensen, "Introduction," in *Learning How to Feel*, 17.

(70) Jan Plamper, "Ivan's Bravery," in *Learning How to Feel*, 203; Sarah Bilston, "'It is Not What We Read, But How We Read': Maternal Counsel on Girls' Reading Practices in Mid-Victorian Literature," *Nineteenth-Century Contexts* 30/1 (2008): 1–20, at 6–7, 9, 14.

(71) Rachel Ablow, "Introduction," in *The Feeling of Reading: Affective Experience and Victorian Literature*, ed. Rachel Ablow (Ann Arbor, 2010), 1–10, at 1–2; Nicholas Dames, "On Not Close Reading: The Prolonged Excerpt as Victorian Critical Protocol," in *The Feeling of Reading*, 11–26, at 22; Kate Flint, "Traveling Readers," in *The Feeling of Reading*, 27–46〔『ジェイン・エア』の訳文はC・ブロンテ『ジェイン・エア(上)』小尾芙佐訳、光文社古典新訳文庫、二〇〇六年、一〇頁〕.

(72) Ruby Lal, *Coming of Age in Nineteenth-Century India: The Girl-Child and the Art of Playfulness* (Cambridge, 2013), 5, 34.

(73) Daniel Pick and Lyndal Roper, eds, *Dreams and History: The Interpretation of Dreams from Ancient Greece*

to *Modern Psychoanalysis* (London, 2004), 4, 93, 97.

(74) Robert L. Kagan, *Lucrecia's Dreams: Politics and Prophecy in Sixteenth-Century Spain* (Berkeley, 1990); Paul Edward Dutton, *The Politics of Dreaming in the Carolingian Empire* (Lincoln, 1994), 2, 26; Peter Dinzelbacher, *Vision und Visionsliteratur im Mittelalter* (Stuttgart, 1981), 136–40; Jean-Claude Schmitt, "Demons and the Emotions," in *Tears, Sighs and Laughter: Expressions of Emotions in the Middle Ages*, ed. Per Förnegård, Erika Kihlman, Mia Åkestam and Gunnel Engwall (Stockholm, 2017), 41–63.

第4章

(1) Peter N. Stearns, "Shame, and a Challenge for Emotions History," *Emotion Review* 8/3 (2015): 197–206, at 197–8.

(2) 例えば、ベルギーの心理学研究機構のオリビエ・リュミネと彼の同僚たちは、心理学者と歴史家のグループに向けての報告のために著者の一人を二〇一五年七月に招聘した。

(3) Paula M. Niedenthal and François Ric, *Psychology of Emotion*, 2nd edn (New York, 2017); Ad J. J. M. Vingerhoets and Lauren M. Bylsma, "The Riddle of Human Emotional Crying: A Challenge for Emotion Researchers," *Emotion Review* 8/3 (2016): 207–17, at 210, 211; Nagy, *Le don des larmes*; 宗教改革時の泣く行為については、Rosenwein, *Generations of Feeling*, 261–74 参照。

(4) Stearns, "Shame," 197.

(5) Jan Plamper, "The History of Emotions An Interview with William Reddy, Barbara Rosenwein, and Peter Stearns," *History and Theory* 49 (2010): 237–65, at 265, 249. Barbara H. Rosenwein, "Problems and Methods in the History of Emotions," *Passions in Context* 1/1 (2010): 1–33, at 24, online at http://www.passionsincontext.de/index.php/?id=557&L=1.

(6) David J. Linden, *Touch: The Science of Hand, Heart, and Mind* (New York, 2015), 143; 個々の神経回路につい

では、例えば、痛みの神経回路とは異なる、かゆみとして知られる感覚をつかさどる（ニューロン細胞及び非ニューロン細胞の双方を含む）神経回路について成された研究を参照。Dustin Green and Xinzhong Dong, "The Cell Biology of Acute Itch," *Journal of Cell Biology* (April 25, 2016): 155–61; 神経回路の相互作用については、Cyriel M. A. Pennartz, "Identification and Integration of Sensory Modalities: Neural Basis and Relation to Consciousness," *Consciousness and Cognition* 18 (2009): 718–39, at 718; Lisa Feldman Barrett, *How Emotions are Made: The Secret Life of the Brain* (Boston, 2017).

（7） Jacques Le Goff, *Must We Divide History into Periods?* trans. Malcom DeBevoise (New York, 2015 [orig. publ. in French, 2014]), 112〔ジャック・ル＝ゴフ『時代区分は本当に必要か？——連続性と不連続性を再考する』菅沼潤訳、藤原書店、二〇一六年、訳文は本書訳者〕.

（8） Otto Brunner, Werner Conze, and Reinhart Koselleck, eds, *Geschichtliche Grundbegriffe. Historisches Lexikon zur politisch-sozialen Sprache in Deutschland*, 8 vols (Stuttgart, 1972–92); Stearns, "Shame," 202.

（9） EMMA（中世感情研究プログラム）https://emma.hypotheses.org; マックス・プランク研究所 https://www.mpib-berlin.mpg.de/en/research/history-of-emotions; ロンドン大学クイーン・メアリー・センター https://projects.history.qmul.ac.uk/emotions; 卓越センター http://www.historyofemotions.org.au. 二〇一四年、パルグレイヴ・マクミラン出版社は、デイヴィッド・レミングスとウィリアム・M・レディ編による「パルグレイヴ感情史研究」の最初の数冊を出版した。二一〇〇年から現代を対象とする一〇冊の研究書がこれまで刊行されている。同時期に、オクスフォード大学出版会は、ウーテ・フレーフェルト編による「歴史の中の感情」シリーズ、ロバート・A・カスター及びデイヴィッド・コンスタン編の「過去の感情」シリーズの刊行を開始した。前者は、中世から現在までの時代を対象としているが、現在のところ中世よりあとのトピックのみを扱っている。後者は、近東やアジアを含む近世以前の感情史を研究している。二〇一四年には、イリノイ大学出版会が、ピーター・N・スターンズとスーザン・マットを編者に「感情史」シリーズの刊行を開始した。このシリーズは、広範な時代を対象としている。

（10） 『ニューヨーク・タイムズ』において、一九四五年から二〇一七年の四月二三日から二九日のあいだに出てきた

「感情」という単語が調査された。世界幸福度白書については、http://worldhappiness.report/ed/2017; グーグルNグラムについては、https://books.google.com/ngrams.

(11) Maggie Berg and Barbara K. Seeber, *The Slow Professor: Challenging the Culture of Speed in the Academy* (Toronto, 2016).

(12) Janan Cain, *The Way I Feel* (Seattle, Wash., 2000)〔ジャナン・ケイン『きもち』石井睦美訳、少年写真新聞社、二〇一三年〕; Cherryl Kachenmeister, *On Monday When It Rained*, photos Tom Berthiaume (New York, 1989), 3-5. スマイリーズ解釈における比較文化的観点からの難しさについては、Ying-Ting Chuang and Yi-Ting Less, "The Impact of Glocalisation in Website Translation," in *Translation and Cross-Cultural Communication Studies in the Asia Pacific*, ed. Leong Ko and Ping Chen (Leiden, 2015), 239-60, at 232-7.

(13) Cornelia Maude Spelman, *When I Feel Scared*, illustrated by Kathy Parkinson (The Way I Feel Books) (Morton Grove, IL, 2002).

(14) Lori Lite, *Angry Octopus: A Relaxation Story*, illustrated by Max Stasuyk (Marietta, GA, 2011)〔ローリー・ライト著、マックス・スターズク絵『おこりんぼうのタコさん(こころもからだもリラックス絵本1)』大前泰彦訳、ミネルヴァ書房、二〇一四年〕; Roger Hargreaves, *Mr. Happy* (Los Angeles, 1983)〔ロジャー・ハーグリーブス『ハッピーくん』ほむろひろし訳、ポプラ社、二〇〇八年、訳文は本書訳者〕.

(15) Lynda Madison, *The Feelings Book: The Care and Keeping of Your Emotions* (Middleton, WI, 2013)は、いくつかの点で、私たちが提唱する立場に近い。八—一二歳の少女を対象に、認知理論に多くを拠りながら、強さの異なる様々な感情が同時に芽生える可能性を認めている。しかしながら、明らかに社会構築主義的である。「感じることに対してあなたがどう行動するかは常に自分自身の責任であることを覚えておきなさい」(63)。

(16) Natalie Zemon Davis, *The Return of Martin Guerre* (Cambridge, MA, 1983), vii〔ナタリー・Z・デーヴィス『帰ってきたマルタン・ゲール——一六世紀フランスのにせ亭主騒動』成瀬駒男訳、平凡社ライブラリー、一九九三年、訳文は本書訳者〕.

(17) Amy Coplan, “Catching Characters’ Emotions: Emotional Contagion Responses to Narrative Fiction Film,” *Film Studies* 8 (2006): 26–38, at 26.

(18) Dave Morris, “Introduction to this New Edition,” in Andrew Rollings and Dave Morris, *Game Architecture and Design*: A New Edition (Indianapolis, 2004), 2; interview with Guillaume de Fondaumière, 2010, quoted in Jamie Russell, *Generation Xbox: How Video Games Invaded Hollywood* (Lewes, East Sussex, 2012), 244; Bernard Perron and Felix Schröter, “Introduction: Video Games, Cognition, Affect, and Emotion,” in *Video Games and the Mind: Essays on Cognition, Affect and Emotion*, ed. Bernard Perron and Felix Schröter (Jefferson, NC, 2016), 1–11, at 2, 4.

(19) Steven Poole, *Trigger Happy: Videogames and the Entertainment Revolution* (New York, 2000), 225.

(20) http://www.nicolelazzaro.com/the4-keys-to-fun〔二〇一〇年一一月二五日現在アクセス不可〕; Nicole Lazzaro, “Why We Play Games: Four Keys to More Emotion in Player Experiences” (2004), online at http://xeodesign.com/xeodesign_whyweplaygames.pdf. Paul Ekman, *Emotions Revealed: Recognizing Faces and Feelings to Improve Communication and Emotional Life*, 2nd ed (New York, 2007). ゲスリンについては次を参照。http://erikges.com.

(21) David Freeman, *Creating Emotion in Games: The Craft and Art of Emotioneering* (Indianapolis, 2003), 10; フリーマンによる多くのサイトも参照のこと。例えば、www.freemangames.com や www.beyondstructure.com.

(22) Perron and Schröter, “Introduction,” 4, 7–8; 以下も参照。Bernard Perron, “A Cognitive Psychological Approach to Gameplay Emotions,” *Proceedings of DiGRA 2005 Conference: Changing Views – Worlds in Play* (2005), 3, online at http://www.digra.org/digital-library/publications/a-cognitive-psychological-approach-to-gameplay-emotions; Katherine Isbister, *How Games Move Us: Emotion by Design* (Cambridge, MA, 2016), xviii.

(23) Susanne Eichner, “Representing Childhood, Triggering Emotions: Child Characters in Video Games,” in *Video Games and the Mind*, 174–88, at 175, 182; Grant Tavinor, “Bioshock and the Art of Rapture,” *Philosophy and*

Literature 33 (2009): 91–106, at 92, 98.

(24) Robert Jackson, *BioShock: Decision, Forced Choice and Propaganda* (Winchester, 2013), chap. 3.

(25) Chris Suellentrop, "Inside the Making of 'BioShock' Series with Creator Ken Levine," online at http://www.rollingstone.com/culture/news/we-were-all-miserable-inside-bioshock-video-gamefranchise-w439921(強調は筆者)〔二〇二〇年一一月二五日現在アクセス不可〕.

(26) Barrett, *How Emotions are Made*, 24.

結　論

(1) Thomas Jefferson, Letter to John Page (December 25, 1762), in The Letters of Thomas Jefferson, The Avalon Project, Yale University, online at http://avalon.law.yale.edu/18th_century/let2.asp.

(2) La Comtessa de Dia, "Fin joi me don' alegransa," in *Troubadour Poems from the South of France*, trans. William D. Paden and Frances Freeman Paden (Woodbridge, 2007), 111.

(3) Rüdiger Schnell, *Haben Gefühle eine Geschichte? Aporien einer History of emotions*, 2 vols (Göttingen, 2015).

(4) 文法の中に埋め込まれた諸概念については、George Lakoff, *Women, Fire, and Dangerous Things: What Categories Reveal about the Mind* (Chicago, 1987)〔ジョージ・レイコフ『認知意味論——言語から見た人間の心』池上嘉彦ほか訳、紀伊國屋書店、一九九三年〕、中国については、Curie Virág, "The Intelligence of Emotions? Debates over the Structure of Moral Life in Early China," in *Histoire intellectuelle des émotions*, 83–109, at 88, online at https://acrh.revues.org/6721. トマス・アクィナスについては、Rosenwein, *Generations of Feeling* 162. 連続性については、Bynum, "Why All the Fuss about the Body?"

訳者あとがき

本書は、Barbara H. Rosenwein and Riccardo Cristiani, *What is the History of Emotions?* (Cambridge: Polity, 2018) の全訳である。原書はまた、ポリティ社から刊行されている、「〇〇史とは何か?」シリーズの一冊である。同シリーズには本書のテーマとも関連がある、ジェンダー史(ソニア・O・ローズ『ジェンダー史とは何か』長谷川貴彦・兼子歩訳、法政大学出版局、二〇一六年)や文化史(ピーター・バーク『文化史とは何か』長谷川貴彦訳、法政大学出版局、増補改訂版第二版、二〇一九年)のタイトルもある。

すでに雑誌『思想』二〇一八年八月号では「感情の歴史学」特集が組まれ、そのなかで訳者の一人、森田直子が本書を論じているため、ここではいくつか補足的な説明を加えることにとどめる。詳しくは、この特集号をご覧いただきたい。

著者の一人、バーバラ・ローゼンワインはアメリカを代表するヨーロッパ中世史家で、本書でも紹介されている『中世初期の感情の共同体』(二〇〇六年)や『感情の諸世代』(二〇一六年)を発表し、感情史の隆盛に寄与してきた。最近も『怒り』(二〇二〇年)を著すなど、旺盛に研究、著述を続けている。もう一人の著者、リッカルド・クリスティアーニも中世史家で、とくに修道院における病と健康をめぐる思想を研究している。ボローニャ大学博士課程在籍中にローゼンワインのリサーチ・アシスタントを務めたことがきっかけで、以降も研究補助や翻訳を行なっている。

本書の章立ては「科学」「アプローチ」「身体」「未来」と、きわめてシンプルである。第1章「科学」は、認知心理学など実験科学における感情の理解の変遷を辿りつつ、とくに近年の研究成果が歴史学にどのようなインスピレーションをあたえるのかを論じる。ただし、感情研究のもつ学際性は自然科学から歴史学への一方向ではなく、双方向的なものであることを付言する。日本感情心理学会刊行の『エモーション・スタディーズ』第五巻一号と、国際感情学会刊行の『エモーション・レビュー』第一二巻三号では感情史の特集が組まれ、歴史学における感情研究の成果が学問の垣根を越えて開かれた。後者には、本書でも紹介されているレディやユースタスも寄稿している。

第2章「アプローチ」は、感情史の四つの方法論を紹介する。とくにアメリカ独立宣言を素材にした各方法論の比較は、それぞれの特徴を描き出しており面白い。なお、本書は四つの方法論を公平に扱おうとしているが、もともとローゼンワインはピーター・スターンズの「エモーショノロジー」論を批判してきた。その理由は本書にも書かれているとおり、「近代史家は、故意にせよ、偶然にせよ、文明化の過程の図式を受容し、感情に動かされやすい原始社会であった中世の土台の上に近代が築かれたと捉えた」からであり(本書六二頁)、またスターンズがそうした近代史家の代表格に位置づけられるからである。より直接的な批判は、『アメリカン・ヒストリカル・レビュー』一〇七巻掲載の論文(本書二〇七頁注24)で展開されている。一方、スターンズも共編著『感情史を実践する』(二〇一四年)の中で、その主張を一部認めるものの、多様性を重視するローゼンワインの「感情の共同体」論では、中世から近代への大きな変化の潮流を捉えることができないと応酬している。スターンズは、感情の視座から近代とは何かを明らかにすることこそ、感情史が今改めて取り組むべき課題だと言う。

第3章「身体」は、心身二元論の問題や、生物学的身体と社会的身体との「和解」が可能かという問題を軸に、空間、ジェンダー、物質文化《マテリアル・カルチャー》といった文化史の諸テーマを取り上げていく。「透過性のある身体」が、それらを束ねる鍵概念となる。引用される研究事例からも明らかなように、感情史はニッチな研究領域を構成するものではなく、歴史学の、あるいは人文学の諸テーマを結びつけながら、新たな視座をもたらすものである。とくに、ジェンダー史にとっての実践的な意味は大きい。私たちが無意識のうちに内面化している、女らしい、男らしいとされる感情表現のルールが、いかに歴史的に構築されてきたのかに気付かされる。このテーマについては、後述のフレーフェルト『歴史の中の感情』も読んでみて欲しい。

第4章「未来」は、研究と社会との隔絶を感情史の課題として挙げる。コンピュータ・ゲームを考察している点がとくに興味深い。すでに一五兆円を突破した世界のゲーム市場規模は、さらに拡大を続ける見込みである(Newzoo Global Games Market Report 2020)。たしかに近年のゲームは、最新の科学技術を取り込むことで、表情の精巧化や没入感の強化によりプレイヤーの感情移入を引き出そうとする。今やゲームは、エモーショノロジーを司る主要なグローバル・メディアである。著者は、このように研究と社会を繋ぐメディアから感情史が置き去りにされていることに懸念を示す。この懸念は、ゲーム産業に限られるものではない。現在、人工知能に感情や道徳判断を実装する研究が進められているが、そこで感情史に何ができるのかも、本来問われて然るべきかもしれない。原書と同時期に刊行されたロブ・ボディスによる概説書『感情の歴史学』(二〇一八年)は、感情史が取り組むべき重要な課題に道徳を挙げている。データサイエンスの影響力が増す一方、伝統的人文学の意義が問い直される状況において、感情史は歴史学の生存戦略に関わる問題を提起する。

英語圏の出版状況について補足しておこう。感情史が関心を集めるようになったのは比較的最近のことだが、その勢いには目を見張るものがある。二〇〇八年頃に複数の研究拠点が形成され、その後オクスフォード大学出版会、イリノイ大学出版会、パルグレイヴ・マクミラン出版社から感情史シリーズの刊行が始まり、すでに多くの研究成果が世に送り出された。原書刊行の二〇一八年は、その起点から一〇年という節目の年になる。感情史のこれまでとこれからを整理するタイミングなのだろう。その視点から考えると、やはり研究対象地域の偏りが今後の課題に挙げられる。つまり、伝統的に「西洋史」を構成してきた地域が主に扱われ、「非西洋」の研究事例が圧倒的に少なく、多くの場合比較のための参照事例という位置付けに終わることである。英語圏の感情史研究者もこの問題を自覚しており、新たにブルームズベリー出版社が非西洋を対象とする感情史シリーズを立ち上げると聞いている。感情史から従来の大きな枠組みを突破することができるのか、今後の動向を注視したい。

日本語で読めるものも増えている。ウーテ・フレーフェルト『歴史の中の感情——失われた名誉／創られた共感』(櫻井文子訳、東京外国語大学出版会、二〇一八年)は、本書でも言及された、ベルリンの研究グループを率いるドイツ近現代史家フレーフェルトによる書き下ろしである。ヤン・プランパー『感情史の始まり』(森田直子監訳、みすず書房、二〇二〇年)は、このベルリンの研究グループにいた著者による重厚な概説書で、本書では「近代歴史学を一九世紀から説き起こし、とくにドイツ語圏の成果について説得力がある」と評される(本書二〇五頁注6)。具体的な研究事例としては、まずフランスについて、待望のアラン・コルバン監修『感情の歴史』全三巻（藤原書房、二〇二〇年―）の邦訳刊行が始まった。伊東剛史・後藤はる美編『痛みと感情のイギリス史』（東京外国語大学出版会、二〇一七年）は、イギリスを舞台に痛みというテーマから本書の論点の一つである感情史の連続・非連続を考える。日本に関する研究事例は、先述の『思想』「感情の歴史学」特集号に掲載された、平山昇「「体験」と「気分」の共同体――二〇世紀前半の伊勢神宮・明治神宮参拝ツーリズム」がある。

感情史の背景には、認知心理学における感情の理解の変化がある。本書が繰り返し取り上げるリサ・フェルドマン・バレットは、心理学において長らく支配的だった基本感情（情動）説を批判し、構成論に基づく情動理論を唱えてきた。そのバレットによる一般読者向けの書き下ろしも、バレット『情動はこうしてつくられる――脳の隠れた働きと構成主義的情動理論』（高橋洋訳、紀伊國屋書店、二〇一九年）として邦訳された。アントニオ・ダマシオ『進化の意外な順序――感情、意識、創造性と文化の起源』（高橋洋訳、白揚社、二〇一九年）と、ジェシー・プリンツ『はらわたが煮えくりかえる――情動の身体知覚説』（源河亨訳、勁草書房、二〇一六年）も、生物学的身体と文化的身体との「和解」の試みとして読むことができるだろう。

本書は便宜上、原則としてemotionを感情、affectを情動、moodを気分、feelingを気持ちと訳した。便宜上というのは、心理学においても感情の理解は統一されておらず、論者によって術語の意味が異なる現状では、原語と訳語の不変のペアをつくることが困難だからである。たとえば、エクマンの基本感情（情動）説と、バレットの予測的符号化モデル、あるいはダマシオのソマティックマーカー説では、emotionの意味や役割はそれぞれ異なる。現象としての感情（情動）を説明する個々のモデルがあり、emotion 等の術語はそのモデルの中では一貫性をもって用いられるが、他のモデルで用いられる同じ術語とは必ずしも互換性があるわけではない。こうした状況をふまえ、本書は上記のルールの他は、文脈に応じて訳し分け、とくに原語に留意したい場合にはルビをふった。

最後に、本書刊行を導いてくださった岩波書店の吉川哲士氏にお礼を申し上げたい。共訳である本書に統一性があるとしたら、それは氏の編集者としてのプロフェッショナルな手腕なくして得られなかったものである。また資料収集や索引作成を助けていただいた前田未夢氏、岩井万里佳氏にも、記して感謝の意を表したい。

二〇二〇年八月二〇日

訳者一同

索　引

索引項目とその順番は，翻訳内容に応じ，原著索引を適宜変更した．
頻出項目は，主に論じられているページのみを掲げた．

カ 行

サ 行

タ 行

ナ 行

ハ 行

マ 行

ヤ 行

ラ 行

参考文献

基本文献

感情史の分野の基本的な文献は以下のとおり．ほとんどは注ですでに言及されている．

Jan Plamper, *The History of Emotions: An Introduction*, trans. Keith Tribe (Oxford, 2015)〔ヤン・プランパー『感情史の始まり』森田直子監訳，みすず書房，2020 年〕; Monique Scheer, "Are Emotions a Kind of Practice (and Is That What Makes Them Have a History)? A Bourdieuian Approach to Understanding Emotion," *History and Theory* 51 (2012): 193–220; Thomas Dixon, *From Passions to Emotions: The Creation of a Secular Psychological Category* (Cambridge, 2003); Barbara H. Rosenwein, "Worrying about Emotions in History," *American Historical Review* 107 (2002): 821–45; William M. Reddy, *The Navigation of Feeling: A Framework for the History of Emotions* (Cambridge, 2001); Gerd Althoff, "Empörung, Tränen, Zerknirschung. 'Emotionen' in der öffentlichen Kommunikation des Mittelalters," *Frühmittelalterliche Studien* 30 (1996): 60–79; Catherine A. Lutz, *Unnatural Emotions: Everyday Sentiments on a Micronesian Atoll and Their Challenge to Western Theory* (Chicago, 1988); Peter N. Stearns and Carol Z. Stearns, "Emotionology: Clarifying the History of Emotions and Emotional Standards," *American Historical Review* 90/4 (1985): 813–36.

第 1 章　科学

重要な入門書は以下の 2 冊．Paula M. Niedenthal and François Ric, *Psychology of Emotion*, 2nd edn (New York, 2017); Lisa Feldman Barrett, *How Emotions are Made: The Secret Life of the Brain* (Boston, 2017)．その他，Catharine Abell and Joel Smith, eds, *The Expression of Emotion: Philosophical, Psychological and Legal Perspectives* (Cambridge, 2016). Dacher Keltner, Daniel Cordaro, Alan Fridlung, and Jim Russel, *The Great Expressions Debate=Emotion Researcher* (2015), online at http://emotionresearcher.com/wp-content/uploads/2015/08/Final-PDFs-of-Facial-Expressions-Issue-August-2015.pdf.

感情の社会学についてはさらに以下を参照．Jan E. Stets and Jonathan H. Turner, eds, *Handbook of the Sociology of Emotions*, 2 vols (New York, 2008, 2014)．感情の人類学については，Catherine Lutz and Geoffrey M. White, "The Anthropology of Emotions," *Annual Review of Anthropology* 15 (1986): 405–36.

感情のマネージメントと労働については，Alicia Grandey and James Diefendorff, eds, *Emotional Labor in the 21st Century: Diverse Perspectives on the Psychology of Emotion Regulation at Work* (New York, 2012).

第2章　アプローチ

入門書として，注で言及したもののほか，近世については，Susan Broomhall, ed., *Early Modern Emotions: An Introduction* (London, 2017)；歴史全般については，Alessandro Arcangeli and Tiziana Plebani, eds, *Emozioni, passioni, sentimenti: per una possibile storia*＝*Rivista Storica Italiana* 128/2 (2016)：472–715.

いくつかの感情を取り上げたごく簡潔な紹介として，Ute Frevert, "The History of Emotions," in *Handbook of Emotions*, ed. Lisa Feldman Barrett, Michael Lewis, and Jeannette M. Haviland-Jones, 4th edn (New York, 2016), 49–65. 修辞学の専門家による概観は Daniel M. Gross, *The Secret History of Emotion: From Aristotle's* Rhetoric *to Modern Brain Science* (Chicago, 2006).

感情を表現する人間の顔に焦点を当てた感情史として，Stephanie Downes and Stephanie Trigg, eds, *Facing Up to the History of Emotions*＝*Postmedieval: A Journal of Medieval Cultural* Studies 8/1 (2017), online at http://link.springer.com/journal/41280/8/1/page/1.

感情をめぐる理論の歴史については，Rob Boddice, *The Science of Sympathy: Morality, Evolution, and Victorian Civilization* (Champaign, 2016)；Martin Pickavé and Lisa Shapiro, eds, *Emotion and Cognitive Life in Medieval and Early Modern Philosophy* (Oxford, 2012)；Dominik Perler, *Transformationen der Gefühle: Philosophische Emotionstheorien 1270–1670* (Frankfurt am Main, 2011)；Peter Goldie, ed., *The Oxford Handbook of Philosophy of Emotion* (Oxford, 2009)；Keith Oatley, *Emotions: A Brief History* (Oxford, 2004)；Henrik Lagerlund and Mikko Yrjösuuri, eds, *Emotions and Choice from Boethius to Descartes* (Dordrecht, 2002 [rpt. 2008]).

過去の感情生活への1980年代以前のアプローチの一例として（理論以外で），Jean Delumeau, *Sin and Fear: The Emergence of a Western Guilt Culture, 13th–18th Centuries*, trans. Eric Nicholson (New York, 1990 [orig. publ. in French, 1983])［ジャン・ドリュモー『罪と恐れ――西欧における罪責意識の歴史　十三世紀から十八世紀』佐野泰雄・江花輝昭・久保田勝一・江口修・寺迫正廣訳，新評論，2004年］.

当時はとてもめずらしかった，フェーヴル，ホイジンガ，エリアスに対する異議として，Hans Medick and David Warren Sabean, eds, *Interest and Emotion: Essays on the Study of Family and Kinship* (Cambridge, 1984). エリアスは今

日まで絶大な影響力を持ち続けている．以下を参照のこと．David Lemmings and Ann Brooks, eds, *Emotions and Social Change: Historical and Sociological Perspectives*（New York, 2014）.

心理史については，Saul Friedländer, *History and Psychoanalysis: An Inquiry into the Possibilities and Limits of Psychohistory*, trans. Susan Suleiman（New York, 1978 [orig. publ. in German, 1975]）.

感情の言葉については，Kyra Giorgi, *Emotions, Language and Identity on the Margins of Europe*（London, 2014）.

感情をめぐる理論がそれら自体の歴史的文脈に埋め込まれていることについては，Frank Biess and Daniel M. Gross, eds, *Science and Emotions after 1945: A Transatlantic Perspective*（Chicago, 2014）.

行為遂行的アプローチの批判者は，とくに儀礼化された感情という観念に異論を唱えてきた．Philippe Buc, *The Dangers of Ritual: Between Early Medieval Texts and Social Scientific Theory*（Princeton, 2001）は史料のなかの儀礼の読みを批判する．Peter Dinzelbacher, *Warum weint der König?: Eine Kritik des mediävistischen Panritualismus*（Badenweiler, 2009）は，感情の爆発をパフォーマンスと理解することに反論している．

本書で扱われたさまざまなトピックについては，それぞれ以下を参照されたい．

特定の感情について，

怒り：Barbara H. Rosenwein, ed., *Anger's Past: The Social Uses of an Emotion in the Middle Ages*（Ithaca, 1998）.

共感：Margrit Pernau, ed., *Feeling Communities*＝*The Indian Economic and social History Review* 54/1（2017）.

不快：Donald Lateiner and Dimos Spatharas, eds, *The Ancient Emotion of Disgust*（Oxford, 2016）.

恐怖：Joanna Bourke, *Fear: A Cultural History*（Emeryville, CA, 2005）.

幸福：Darrin M. McMahon, *Happiness: A History*（New York, 2006）.

恥：Peter N. Stearns, *Shame: A Brief History*（Urbana, 2017）.

全般的には，

Laura Kounine and Michael Ostling, eds, *Emotions in the History of Witchcraft*（London, 2016）; Susan Broomhall and Sarah Finn, eds, *Violence and Emotions in Early Modern Europe*（London, 2016）; Erika Kuijpers and Cornelis van der Haven, eds, *Battlefield Emotions 1500–1800: Practices, Experience, Imagination*（London, 2016）; Stephanie Downes, Andrew Lynch, and Katrina O'Loughlin,

eds, *Emotions and War: Medieval to Romantic Literature* (London, 2015).

感情と宗教：
Alec Ryrie and Tom Schwanda, eds, *Puritanism and Emotion in the Early Modern World* (New York, 2016); Phyllis Mack, *Heart Religion in the British Enlightenment: Gender and Emotion in Early Methodism* (Cambridge, 2008).

特定の国あるいは地域について：
Curie Virág, *The Emotions in Early Chinese Philosophy* (Oxford, 2017); Luisa Elena Delgado, Pura Fernández, and Jo Labanyi, eds, *Engaging the Emotions in Spanish Culture and History* (Nashville, 2016).

古代世界について：
Douglas Cairns and Damien Nelis, eds, *Emotions in the Classical World: Methods, Approaches and Directions* (Stuttgart, 2017); Ruth R. Caston and Robert A. Kaster, eds, *Hope, Joy, and Affection in the Classical World* (Oxford, 2016).

中世に関する仕事のビブリオグラフィとして，Valentina Atturo, *Emozioni medievali. Bibliografia degli studi 1941–2014 con un'appendice sulle risorse digitali* (Rome, 2015).

第3章　身体

笑いについては，Georges Minois, *Histoire du rire et de la dérision* (Paris, 2000); Jacques Le Goff, "Laughter in the Middle Ages," in *A Cultural History of Humour: From Antiquity to the Present Day*, ed. Jan Bremmer and Herman Roodenburg (Cambridge, MA, 1997), 40–52.

実践としての感情についてはさらに，Bettina Hitzer and Monique Scheer, "Unholy Feelings: Questioning Evangelical Emotions in Wilhelmine Germany," *German History* 32/3 (2014): 371–92.

情動理論については，Eve Kosofsky Sedgwick and Adam Frank, eds, *Shame and Its Sisters: A Silvan Tomkins Reader* (Durham, 1995); Ruth Leys, *The Ascent of Affect: Genealogy and Critique* (Chicago, 2017); Michael Champion, Raphaële Garrod, Yasmin Haskell, and Juanita Feros Ruys, "But Were They Talking about Emotions? Affectus, affectio, and the History of Emotions," *Rivista Storica Italiana* 128/2 (2016): 421–43.

感情とジェンダーについては，Lisa Perfetti, ed., *The Representation of Women's Emotions in Medieval and Early Modern Culture* (Gainesville, 2005).

感情と空間については，Hollie L. S. Morgan, *Beds and Chambers in Late Medieval England: Readings, Representations and Realities*（York, 2017）；Joseph Ben Prestel, *Emotional Cities: Debates on Urban Change in Berlin and Cairo, 1860–1910*（Oxford, 2017）；精神的空間，あるいは感情的実験に関しては，Erin Sullivan, *Beyond Melancholy: Sadness and Selfhood in Renaissance England*（Oxford, 2016）.

芸術における感情的意味の発見については，Patrick Boucheron, *Conjurer la peur. Sienne, 1338. Essai sur la force politique des images*（Paris, 2013）；Johanna Scheel, *Das altniederländische Stifterbild: Emotionsstrategien des Sehens und der Selbsterkenntnis*（Berlin, 2014）；Martin Büchsel, "Die Grenzen der Historischen Emotionsforschung. Im Wirrwarr der Zeichen– oder：Was wissen wir von der kulturellen Konditionierung von Emotionen?" *Frühmittelalterliche Studien* 45/1（2011）：143–68.

感情と物質文化については，Stephanie Downes, Sally Holloway, and Sarah Randles, eds, *Feeling Things: Objects and Emotions in History*（Oxford, 2018）.

第 4 章　未来

学際性については，Daniel M. Gross, *Uncomfortable Situations: Emotion between Science and the Humanities*（Chicago, 2017）；Felicity Callard and Des Fitzgerald, *Rethinking Interdisciplinarity across the Social Sciences and Neurosciences*（Houndsmills, Basingstoke, Hampshire, 2015）and online at https://link. springer. com/book/10. 1057%2F9781137407962.

古代中国における二分法の超克に関しては，Paolo Santangelo, "Emotions, a Social and Historical Phenomenon：Some Notes on the Chinese Case," in *Histoire intellectuelle des émotions, de l'Antiquité à nos jours*, ed. Damien Boquet and Piroska Nagy＝*L'Atelier du centre de recherche historique* 16（2016）：61–82, online at https://acrh. revues. org/7430.

映画における感情に関する研究として，Torben Grodal, *Moving Pictures: A New Theory of Film Genres, Feelings and Cognition*（Oxford, 1997）；Ed S. Tan, *Emotions and the Structure of Narrative Film: Film as an Emotion Machine*（Mahwah, NJ, 1996）.

コンピュータ・ゲームと感情については，Sharon Y. Tettegah and Wenhao David Huang, eds, *Emotions, Technology, and Digital Games*（London, 2016）；Roberto Dillon, *On the Way to Fun: An Emotion-Based Approach to Successful Game Design*（Natick, MA, 2010）.

［訳者紹介］

伊東剛史　第2章

ロンドン大学ロイヤル・ホロウェイで博士号取得．現在，東京外国語大学大学院総合国際学研究院准教授．専門はイギリス近代史，科学史，動物史．主な業績に，『痛みと感情のイギリス史』（共編著，東京外国語大学出版会，2017年）．*London Zoo and the Victorians, 1828-1859*（Royal Historical Society/Boydell & Brewer, 2014）．

森田直子　序章・第1章

ビーレフェルト大学で博士号取得．現在，上智大学文学部史学科准教授．専門はドイツ近代史，感情史．主な業績に，『感受性とジェンダー――〈共感〉の文化と近現代ヨーロッパ』（共著，水声社，2023年），ヤン・プランパー『感情史の始まり』（監訳，みすず書房，2020年）．

小田原琳　第3章

東京外国語大学で博士号取得．現在，東京外国語大学大学院総合国際学研究院教授．専門はイタリア近現代史，ジェンダー研究．主な業績に，『〈世界史〉をいかに語るか――グローバル時代の歴史像』（共著，岩波書店，2020年）．シルヴィア・フェデリーチ『キャリバンと魔女』（共訳，以文社，2017年）．

舘　葉月　第4章・結論

フランス社会科学高等研究院で博士号取得．現在，慶應義塾大学文学部准教授．専門はフランス史，国際関係史．主な業績に，『人文学のレッスン』（共著，水声社，2022年），ジェラール・ノワリエル『ショコラ――歴史から消し去られたある黒人芸人の数奇な生涯』（翻訳，集英社インターナショナル，2017年）．

バーバラ・H. ローゼンワイン
(Barbara H. Rosenwein)

シカゴ大学で博士号取得．シカゴ大学教授などを経て，シカゴ・ロヨラ大学名誉教授．専門は西欧中世史．主な業績に，*Anger: The Conflicted History of an Emotion* (Yale University Press, 2020)；*Generations of Feeling: A History of Emotions 600–1700* (Cambridge University Press, 2016)；*Emotional Communities in the Early Middle Ages* (Cornell University Press, 2006)．

リッカルド・クリスティアーニ
(Riccardo Cristiani)

中世史家．ボローニャ大学博士課程在籍中にローゼンワインのリサーチ・アシスタントを務め，以降も研究補助や翻訳を行なっている．主な業績に，*Monaci e Frati* [Audiobook] (Bronteion, 2007)．

感情史とは何か　　バーバラ・H. ローゼンワイン
　　　　　　　　　リッカルド・クリスティアーニ

2021年 1月8日　第1刷発行
2023年10月5日　第4刷発行

訳　者　伊東《いとう》剛史《たかし》　森田《もりた》直子《なおこ》
　　　　小田原《おだわら》琳《りん》　舘《たて》　葉月《はづき》

発行者　坂本政謙

発行所　株式会社 岩波書店
〒101-8002 東京都千代田区一ツ橋 2-5-5
電話案内 03-5210-4000
https://www.iwanami.co.jp/

印刷・法令印刷　カバー・半七印刷　製本・牧製本

ISBN 978-4-00-061450-4　　Printed in Japan